27

L n 11660.

LATOUR-D'AUVERGNE.

LATOUR-D'AUVERGNE,

ÉCRIVAIN,

CITOYEN, SOLDAT.

PAR J. DUBREUILH,

ANCIEN PROFESSEUR DE PHILOSOPHIE A L'ÉCOLE DE SORÈZE, RÉDACTEUR DE LA VIGIE DU FINISTÈRE.

Professione pietatis aut laudatus
erit, aut excusatus (tacite).
(JULII AGRICOLÆ VITÆ.)

QUIMPER,
IMPRIMERIE DE LION, PRÈS LA PRÉFECTURE.
—
1841.

AU ROI DE BAVIÈRE.

SIRE,

L'Armorique vous doit sont tribut de reconnaissance. Il y a quarante ans, qu'un de ses fils glorieux, un Galoudec au cœur fort, succomba sur les hauteurs d'Oberhausen. Là fut élevé, par ordre du général Moreau, un modeste monument placé sous la sauve-garde des nations. Le passant s'arrêtait pensif devant cette inscription sublime de simplicité : « Latour-d'Auvergne! » Et, après avoir salué le grand soldat, il ne s'éloignait jamais sans détourner les yeux ; car il se sentait le cœur ému, l'âme édifiée. Le soldat-laboureur racontait à ses enfants ce que lui avait inspiré la méditation d'une pierre tumulaire, et leur apprenait ainsi, par un exemple éclatant, deux vertus qui germent et fleurissent si naturellement en Allemagne : le courage et la bonté. Consolant spectacle offert à l'Europe en ces

* Galloudec ou Gaulois, signifie *Valeureux* en celto-Breton. (ORIG. GAUL)

jours de gloire, de délire et de malheur, où la France et l'Allemagne, ces deux sœurs de l'antiquité si bien faites pour s'aimer et se comprendre, ensanglantaient leurs mains et leur sein virginal! Alors, au plus fort de ces tempêtes que Dieu soulève pour rajeunir l'atmosphère du monde, sur un champ de bataille où la foudre est encore fumante entre deux camps ennemis, voilà que la colline d'Hauberhausen accepte le tombeau du *premier grenadier des armées de la république;* les peuples le prennent sous leur protection, la Bavière en est aussi fière que nous-mêmes. Que d'éloquence et quelle oraison funèbre dans 'cette hospitalité européenne accordée, sur une terre ennemie, aux cendres d'un soldat!

Mais pour être sous la sauve-garde des nations, le monument n'en subissait pas moins la rude influence du temps qui ne respecte rien, pas même le modeste sarcophage élevé à la vertu. Bénies soient les royales mains qui ont restauré la tombe du grenadier Breton! Béni soit votre nom, prince généreux! de l'antique cité de *Keraes,* * de la ville d'Aëtius, berceau de Latour-d'Auvergne! Que le salut de l'amitié bretonne, salut franc et sincère, parvienne jusqu'à vous, jusqu'à votre peuple! Il part de tous les rangs, dans cette grande fête de famille où l'Armorique entière accourt, haletante de bonheur, contempler les nobles traits du héros que le ciseau d'un autre Phidias nous a rendus si vrais, si vivans, si naturels, que l'airain semble dire encore à la foudre et à la lance ennemie: « Me voici, présent!... »

Soldats! une salve d'honneur et d'amitié à l'artiste-roi dont l'intelligence élevée a compris que la tombe de Latour-d'Auvergne est là sur une colline de la Germanie, comme un autel à la confraternité européenne! Les temps approchent où le glaive encore sanglant de l'antagonisme national sera brisé par la main des rois, sages conducteurs des peuples; car les rois

* Ker-ville-aë-nétus. (Orig. Gaul.)

ont entendu la grande voix de l'humanité qui leur crie, depuis des siècles : *Et nunc reges intelligite, erudimini qui judicatis terram !* Maintenant, ô rois, apprenez, instruisez-vous, juges de la terre !

Les rois, en acceptant les rudes expériences de l'histoire, les saintes inspirations du christianisme et les hautes leçons de la philosophie, tendent à se constituer les ministres non plus aveugles, mais éclairés de la volonté divine, dans l'œuvre de la régénération morale de l'humanité. Oui, la royauté des temps modernes est visiblement appelée à exercer un grand sacerdoce, à former, au point central du monde, un nouvel amphictionnat intellectuel, un concile général où les pensées des peuples feront connaissance et s'entr'embrasseront dans leurs augustes représentans. Des mains royales signeront les clauses de la nouvelle alliance et graveront, en lettres d'or, sur le frontispice des sociétés humaines, ce mot descendu du ciel, comme la rosée pure dans l'âme des sociétés humaines, ce mot qui contient la vraie science et le bonheur : Charité !

Sire, votre esprit, comme les notres, se laisse aller au cours limpide de cette théorie du bonheur social qui n'est pas condamnée à mourir dans le cerveau des Leibnitz, des Kant, des Herder, ces beaux génies de l'humanité, comme le chant du cigne meurt dans l'écho des fleuves et des vallons de Germanie. Cette théorie de la réconciliation des familles humaines, née de l'Evangile et de la philosophie, traduite en principe social, en dogme politique, pour un avenir qui n'est pas tellement éloigné qu'il ne se laisse déjà entrevoir dans l'intelligent concert des souverains d'Europe ; cette théorie n'est pas seulement un jouet politique, un phalène aux aîles si tôt brûlées, comme le répètent, dans le sardonique orgueil de leur stupide indifférence, les sceptiques d'aujourd'hui, mauvaise doublure du 18me siècle.... C'est un levier habile à reconstituer les sociétés humaines sur les bases de la fraternité primitive, en rappelant les pouvoirs de la terre à cette royauté patriarchale des jours nouveaux dont vous donnez, Sire, le noble exemple aux têtes couronnées qui partagent avec vous le vaste empire de Charlemagne. Cet exemple a déjà pour imitateurs un homme de génie, assis sur le trône de Pierre-le-Grand, un autre sur le trône de France, ayant derrière lui des princes initiés à la politique de leur père, politique incomprise et calomniée, gage certain de la félicité, de la sécurité future, de l'union du nord et de l'occident, de l'harmonie du *principat* et de la *liberté.* Le *lien* de ces deux élémens sociaux sera la philosophie, le double *lien,* la religion : car la royauté moderne a deux choses à consolider pour le bonheur des peuples, le *dogme* et la *loi.*

Si je touche à ces hautes considérations, c'est qu'elles sont dignes de vous, c'est qu'elles sont votre ouvrage, puisqu'elles nous viennent de votre savante université de Munich, arsenal d'idées si complétement civilisatrices ! Le 19me siècle de la France subit dans ses sommités intellectuelles, l'influence de l'Allemagne, comme la Germanie a subi, durant les deux siècles précédents, l'influence française : contact providentiel d'où jaillira la vérité qui recevra sa consécration dans l'alliance nécessaire de deux principes : la foi et la raison, l'autorité *divine* et la *liberté humaine.* Sans l'harmonie de ces deux élémens en lutte depuis des siècles, l'histoire recule, les principes sont livrés de nouveau à tous les vents ; car le lien du passé et de l'avenir est rompu par la folle précipitation des uns, menteusement décorée du nom de progrès ; par l'aveugle résistance des autres, brisée au choc des passions. Effroyable résultat qui mènerait au désespoir social, au suicide humanitaire, au mépris de la liberté, de l'autorité, de la morale, de Dieu lui-même ! Monstrueuse hypothèse d'où le philosophe détourne les regards avec horreur !... Chaos épouvantable dont le retour est heureusement impossible ; car pour nous ramener aux types primitifs, aux types égarés, mais non anéantis de la paix et du bonheur, vous avez, Sire, parmi les chefs des nations, des imitateurs qui arrêtent, comme vous, un regard intelligent sur les

causes et les conséquences des révolutions. Vous avez fait œuvre
de bon sens, œuvre de philosophie et d'apôtre, en défendant
contre les outrages du temps le sarcophage du plus beau de ces
grenadiers français dont le grand Frédéric a dit ces deux mots
qui sont, à eux seuls, le plus éloquent panégyrique inspiré par
notre courage militaire : « *si le dieu Mars se choisissait des
gardes du corps, il les tirerait des grenadiers français !* ».
Car vous avez eu conscience des pacifiques destinées de l'Europe,
sous l'empire et la règle du grand dogme humanitaire que l'Allemagne élabore et prépare avec ses hautes facultés mystiques et
rationnelles, l'Allemagne, patrie des cerveaux puissans où
l'idée se développe, au dire de madame de Staël, comme la vé-
gétation dans le sein de la terre ! L'Armorique, terre lointaine
où vivent encore les vrais *Galoudec*, valeureux frères des
Garman *, ces hommes de cœur, l'Armorique qui est aussi la
terre de la foi et de l'idée, qui tient aussi à ses bonnes croyan-
-ces, sans renoncer au progrès intelligent, l'Armorique chevelue dépose sur vos royales mains, le baiser de la reconnaissance,
parce que vous n'avez pas voulu, Sire, que, dans votre Bavière, les hautes herbes de l'oubli, pour me servir d'expressions
germaniques, sifflassent, avec les vents du nord, sur la tombe
de Latour-d'Auvergne, notre frère bien aimé. Ce philosophe
des camps, par un instinct prophétique, semble, dans ses origines gauloises, vous remercier de ce qu'il a rencontré sur
une terre semblable à celle d'Armor, sa patrie, la noble fin
qu'il cherchait, la mort au champ d'honneur ! Car il ne parle
des Allemands qu'avec enthousiasme, des Anglais qu'avec mépris ; sans doute, il voyait d'un côté l'esprit de fraternisa-
tion européenne, de l'autre, l'esprit d'antagonisme national.
Dans son livre, il vous aime comme des frères, parce qu'il
trouve entre la Germanie et l'Armorique, fraternité de berceau,

---

* Gar-man-omnino viri. *Homme tout cœur.* (ORIG. GAUL.)
M. Pankouke à une étimologie qui me semble plus naturelle *ger* combat
et *mann* homme.

de langage, de vertu et de génie. L'Armorique n'est pas peu fière d'avoir des traits de ressemblance native avec la Germanie; pays de rudesse et de verdeur antique qui, comme nous, n'a jamais été entièrement soumis, et dont Tacite, l'historien philosophe de l'antiquité, secouait les mœurs sévères et l'histoire si fortement trempée, comme des remords brûlants, sur les corruptions inouïes de la Rome des Messaline et des Caligula! Je serais heureux, Sire, qu'une seule des hautes qualités morales qui caractérisent la Bretagne pût, à défaut d'autre mérite, vous apparaître dans cette légère esquisse de Latour-d'Auvergne, indigne sans doute de monter jusqu'à vous, roi poëte et philosophe, qui mettez si bien en pratique le sentiment du *beau* et celui du *juste;* mais ce petit livre écrit, pour offrir au peuple, qui ne lit pas les gros livres, une belle *morale en action*, trouvera son éloge dans les vertus de Latour-d'Auvergne, son excuse dans la piété nationale qui l'inspire, et le suffrage des Bretons dans le sentiment de justice qui a dicté cette dédicace. Vous dire que la franchise, cette vertu de Latour-d'Auvergne, fait partie, depuis des siècles, de l'héritage que nous ont légué les Gaulois, nos ancêtres; que cette vertu est même proverbiale en France, c'est vous rendre sensible aux sentiments que j'ose vous exprimer, au nom de l'Armorique. La reconnaissance des hommes de cœur n'est-elle pas le plus beau fleuron de la couronne des rois!

Cette reconnaissance bretonne pouvait facilement rencontrer un interprète moins obscur et plus éloquent, mais non un plus sincère admirateur de la délicatesse d'esprit et de la grandeur d'âme dont vous avez fait preuve par votre royale sollicitude et votre piété pour les cendres du premier grenadier de France.

Agréez, Sire, les sentiments de respect et de dévouement avec lesquels j'ai l'honneur d'être, de Votre Majesté,

le très humble et très obéissant serviteur,

J. Dubreuilh,

Ancien professeur de philosophie à l'école de Sorèze,
rédacteur de la Vigie du Finistère.

LATOUR-D'AUVERGNE.

PROLOGUE.

Le 23 novembre 1743, l'Armorique voit naître un enfant chez qui va se développer, au plus haut degré, le germe de ces vertus originelles qui toutes dérivent de la foi, mère de la force et nourrice des héros. La providence place son berceau dans le 18ᵐᵉ siècle, à distance égale de la resplendissante monarchie de Louis XIV et de la démocratie non moins radieuse du premier Consul. La nature lui donne pour père un descendant de Turenne, et pour mère une Corret, pur sang de l'Armorique. Il est à la fois noble et roturier ; double origine à laquelle ne mentira pas son existence sévèrement républicaine et brillamment chevaleresque. Il y a du Trasibule et du Rolland dans cet homme, beau sujet de méditation pour un Thucidide, d'inspiration pour un L'Arioste. La naissance de Corret fût une bonne fortune pour Ker-aës, la ville d'Aëtius, * qui depuis le vainqueur d'Attila,

* Aëtius alla demander sa récompense à Rome ; il l'obtint. Valentinien jaloux le poignarda de sa propre main. *Alexandre Dumas* (GAULE et FRANCE).

dont elle porte le nom, ne vit oncques plus solide penseur ni plus rude soldat. Ce Breton n'a-t-il pas su placer une grenade plus haut dans la gloire que d'autres une couronne! Éternellement le premier grenadier et l'empereur Napoléon seront *des inséparables* dans la mémoire des armées et des nations ; car la colonne infernale et la vieille garde ne mourront pas plus que la phalange Macédonienne et les légions de César. Je ne m'étonne plus, ô Carhaix! que tu aies pris tes habits de fête pour assister à la naissance de cet enfant sorti de tes flancs de granit; je ne m'étonne plus que ce Carhaisien ait reçu du ciel le merveilleux don de *charmer les balles*, comme le disaient les Grenadiers de l'*Infernale,* ces plaisants *Grognards ;* car les mères Carhaisiennes ont béni le berceau de Corret!

Rien de surprenant si tes prêtres ont fait à Latour-d'Auvergne un baptême de grand Seigneur, et si ta Bourgeoisie, Guesno en tête, a couvert de signatures le régistre baptistaire. Ne donnais-tu pas à l'Armorique un profond historien? à la France un grand citoyen, un vaillant homme? à l'Europe, au monde, à la postérité, l'exemplaire unique, dans ces temps orageux, d'une âme frappée à la double effigie de Bonaparte et de Wasington.

Trois Gentilshommes.

—

A l'âge où leurs camarades, les sous-lieutenants des régiments du roi, pratiquaient l'amour et la licence encore plus que la stratégie, trois gentilshommes se livrent à la méditation des plus hautes questions de la philosophie et de la science humaine. N'est-ce pas un phénomène, une singularité digne d'attention?

Le premier de ces trois imberbes ne songe à rien moins qu'à faire crouler la scholastique sous le poids de ses raisonnemens, et à s'établir ainsi le régénérateur de la science et de la société. Dure, mais glorieuse croisade pour un penseur de 18 ans; guerre de géant d'où René Descartes sort vainqueur! Il meurt sur une terre étrangère... Cela se conçoit!

Le second, d'un corps faible, mais d'une âme bien trempée, d'une conception hardie, le marquis de Vauvenargues ne s'avise-t-il pas, à 18 ans, de préparer les matériaux d'une histoire de l'esprit humain! et quel sera son levier? la réflexion d'un jeune homme presqu'illétré qui ne sait pas même expliquer Plutarque et Cornelius Nepos. Hé bien! la mort en dévorant trop tôt sa frêle existence n'a pas dévoré son nom.

Le troisième, enfin, au sortir du collége de Quimper-Corentin, cette ancienne pépinière de bons latinistes, étudie le Breton avec la persévérance d'un Bénédictin. Ce même cerveau vif comme l'éclair dans la conception d'un plan de bataille, vif comme la foudre dans l'exécution, est arrêté par un mot dont l'étimologie est pour son intelligence une conquête, une victoire... *Victoria lœta!* Ce soldat range devant lui en ordre de bataille quarante cinq langues; il les attaque de front, il se rue, tête baissée, contre ces représentans des plus lointaines origines... à travers pierres, monumens, inscriptions, médailles, fleuves et monts, prenant à la barbe, Grecs et Romains, aux cheveux, Germains et Gaulois; heurtant la vaste poitrine des Cimbres, le Pen-Bâs du Massagète, poussant au-delà d'Homère et des Cimmériens, au-delà des Pyramides, au-delà de Babél, il se fraie une route à travers les temps fabuleux, à travers les chaos historiques... et quelle est son arme? La réflexion d'un soldat de 23 ans... son guide? la langue des bas Bretons, ce *Bara-guin* qui prête à rire aux beaux messieurs qui ne le comprennent pas. Hé bien, malgré l'étrange énormité de l'entreprise, Latour d'Auvergne laisse une esquisse de philologie qui suffirait à la gloire d'un savant Académicien.

D'où viennent à ces gentilshommes, qui ne devraient être que d'aimables étourdis, la volonté hautaine du réformateur, la méditation du solitaire de Port Royal, l'esprit d'analyse si patient, si scrupuleux, l'esprit de synthèse et de généralisation, effrayant labeur pour le cerveau des hommes qui embrassent le culte de la science avec une ardeur, avec une foi d'Anachorète?

La réponse est prompte : tout cela provient de la supériorité de leur nature, de leur organisation héroïque. Pour ces esprits le repos serait la mort. L'action est pour l'homme de génie une loi tellement impérieuse et entraînante que s'il ne trouvait pas en dehors de lui même un obstacle à vaincre, il emploierait toute sa puissance à créer cet obstacle, à le façonner dur comme diamant pour le briser ensuite dans les étreintes de ses muscles ou de sa pensée. A défaut d'autre aliment, le génie dévore sa propre substance ; aussi, l'enfer que lui a créé le poëte, c'est le repos éternel, *æternùm sedet, æternùmque sedebit.*

LATOUR-D'AUVERGNE,

ÉCRIVAIN.

La Philologie.

A ce seul mot de philologie, le vulgaire se figure une science
de mots, des discussions étroites sur la valeur historique du
point et de la virgule, des contestations sans fin pour savoir
laquelle des voyelles ou des consonnes, occupe, dans l'échelle
chronologique du langage humain, le premier ou le dernier degré ; des flots d'érudition inondant une fourmi ; une langue
incompréhensible elle-même, employée à débrouiller le chaos
de langues incompréhensibles, dont l'alphabet, dispersé dans le
naufrage des temps, ressemble à la goutte de rosée tombée dans
l'océan... Tourment éternel pour le philosophe qui en recherche
les molécules !

Telle apparaît la philologie à ceux qui la jugent d'après la
physionomie générale des philologues. C'est en effet pour

l'homme du monde un plaisant original que le savant qui vous parle d'un mot *Runique* ou *Gothique* avec la même gravité qu'un politique, de la guerre ou de la paix Européenne; qui se passionne pour une étymologie ; dont les nerfs se crispent, dont les muscles grimacent, dont les sourcils se froncent, dont les lèvres ironiques se pressent, dont la tête incrédule s'agite, dont la langue enfin jette le démenti à quiconque ne subit pas docilement son étymologie, comme on subit un axiôme mathématique. C'est un plaisant original, si vous vous arrêtez à l'écorce ; mais si vous pénétrez à la sève, vous jugez différemment.

Est philologue qui veut ; si vous honorez de ce nom celui qui arrêtant son attention sur le mot *cadaver*, par exemple, finit par enfanter cette étymologie *délirante : caro-data-vermibus*, et reste là en extase devant sa découverte comme le fleuriste de Labruyère, devant sa tulippe. Ce n'est point la le philologue, ou bien celui qui s'amuse à trouver le mot. d'une charade ou d'un logogriphe peut se dire philosophe et Penseur.

N'est pas philologue qui veut; car la philologie est une science immense qui a ses principes et son but, sa sanction philosophique, littéraire, historique et sociale. La philologie ou science des langues est générale ou particulière : *particulière*, elle étudie une seule langue dans son origine, dans sa nature, dans la déduction et la composition de ses termes : *générale*, elle envisage plusieurs langues sous tous les rapports possibles, dans le but d'en déduire l'alphabet primitif et le berceau des nations ; dans le but d'expliquer, d'éclairer, de suppléer la tradition, l'archéologie, l'histoire, la philosophie, la science en un mot.

Les services de la philologie, depuis que nous avons pris la peine de nous y adonner, éclatent par des caractères évidents. J'en indique ici quelques-uns.

La philologie a servi à remplacer la littérature flasque et guindée des écrivains de *l'empire*, par une littérature forte et nationale. La littérature classique des 17me et 18me siècles avait épuisé l'imitation Grecque et Romaine ; aussi ne pouvions-nous qu'imiter ces deux grands siècles imitateurs. Hé bien, la philologie en appelant nos études sur la langue originelle des Francs, sur les idiômes de la vieille France, a secondé, dans leurs efforts pour reconstituer une nature nationale, les Staël, les Châteaubriant, les Victor-Hugo.

Elle a été utile à l'Histoire de France : j'en cite pour preuve trois noms seulement : Thierry, Guizot, Michelet.

Et l'histoire générale! aveugle qui ne la voit pas plus pittoresque, plus large, plus profonde, plus vraie, plus philosophique, plus impartiale dans Guizot que dans Voltaire! aveugle qui ne voit pas la philologie portant sa lumière dans la psychologie, dans toutes les sciences positives, en précisant les termes ; Dans la philosophie générale surtout dont Victor Cousin élève le brillant et solide édifice ; dans la science sociale enfin qui se complète, tous les jours des recherches des savans sous les décombres des civilisations antiques! La philologie a retrouvé la chaîne de l'humanité que le scepticisme avait brisée, en brisant les institutions savantes des bénédictins, pour les remplacer par l'encyclopédie où les philosophes apportaient leur mot contre le moyen âge, leur calembourg contre la religion, contre l'âme humaine et son divin auteur! Ne vous étonnez pas, si plus tard, un membre de l'institut voulût provoquer en duel l'auteur de Paul et Virginie, et lui prouver, l'épée à la main, qu'il n'y a pas de Dieu!

Les Origines Gauloises.

—

PHILOLOGIE.

Cela démontré, vous allez comprendre Latour-d'Auvergne *écrivain*, Latour-d'Auvergne acteur, dans le monde des idées, par son intellect, comme plus tard vous le reconnaîtrez *citoyen* par ses hautes facultés animiques, et *soldat* enfin par les bras, par l'intelligence et par le cœur ; étincelante trinité, rayons divins qui doivent percer l'armure du guerrier, pour que l'histoire, juge inflexible, lui accorde l'apothéose du héros.

Oui, la philologie telle qne l'entendait et pratiquait Latour-d'Auvergne, est une science qui a son principe et son but. Apparemment, ce preux d'Armor ne voulait pas plus, dans le monde de la pensée que sur un champ de bataille, pointer au hasard et s'escrimer dans le vide. Aussi, avant d'entrer dans l'étude intime, dans l'anatomie du *Breton* et du *Gallois*, deux idiômes, deux frères séparés par un doigt de l'océan, a-t-il soin de nous dire qu'il recherche la *langue primitive* qu'il compare à la boussole, aux cartes, aux compas du navigateur. Il démontre en peu de mots la légitimité de son principe, c'est à dire du *Breton* et du *Gallois*, *sources pures qui ne sauraient aujourd'hui être suppléées par aucune autre*: avec son ami Le Brigant, il pénètre jusqu'aux entrailles de cette langue Celto-Bretonne, il en retire *son principe philologique.* Son principe trouvé, il trace *son plan.* Puis, il étudie le guy des chênes gravé sur des Menhirs, le Dolmen, autel du sacrifice humain, les cuves où Theutalès s'enivrait de sang ; débrouille des hiéroglyphes druidiques, interroge Tacite, César, Strabon, Diodore, l'Edda, Méla et les traditions du paysan sous le chaume Armoricain ; il parcourt l'espace comme il a parcouru la durée ; il frappe du pied nos landes, nos rochers, nos monumens pour ouïr la voix de nos ancêtres ; il explique quarante langues, quarante siècles, quarante peuples, et de tous ces travaux d'hercule il s'éléve à cette induction :

« La langue *celtique* est la mère de toutes les langues de l'Europe et de l'Asie. » Il ramène ainsi à *l'unité celtique* le principe des langues de l'ancien monde.

Les savans les plus versés dans la métaphysique des langues avaient, avant lui, reconnu trois langues-mères des idiômes

européens : la *Cimbrique*, la *Teutonique*, la *Celtique*. Il
approfondit ces trois langues-mères, il les contrôle, les explique
l'une par l'autre, les pénètre, s'identifie avec elles, et le résultat
de son immense labeur le voilà : « la langue celtique est la
mère des langues. »

Son but, il l'indique et précise : « rétablir sur la liste des
nations, les Gaulois, ce peuple célèbre qui semblait en avoir été
effacé, tandis qu'il existe encore avec gloire dans les Bretons de
l'Armorique. »

Le temps, et non le talent, comme il le dit modestement, lui
a manqué pour rendre ce service à sa patrie. Donnons-lui l'ab-
solution, nous Bretons reconnaissants. Il a si bravement sup-
porté les fatigues de la vie, il a si bien milité le soldat philosophe, que Dieu, sans doute, aura reçu sa grande âme pour la
loger dans sa gloire éternelle, avant même que l'un de ses
grenadiers voyant ses camarades pleurant, découragés, eût l'in-
génieuse et sublime inspiration de tourner vers l'ennemi la face
et les yeux de Latour-d'Auvergne. Il est dit que l'ennemi prit
la fuite... Voilà bien de l'éloquence militaire en action!

Origines Gauloises,

LETTRE DE VILLEBRUNE.

Dans ces courtes études sur Latour-d'Auvergne, études que
nous écrivons pour l'édification du peuple, nous ne suivrons
pas notre fameux linguiste dans ses laborieuses investigations.
Les Bretons, amoureux des origines de leur pays, liront l'ouvrage de Corret, dont une nouvelle édition *populaire* paraîtra
sans doute en Bretagne. Ce livre est rebelle à l'analyse, n'étant

que le compendium de travaux immenses , une préparation au *Dictionnaire Polyglotte* , dont le *glossaire celtique* , trois pages si pleines , si substantielles , sont un spécimen qui fait regretter l'ouvrage. Les *Origines Gauloises* sont le canevas d'une science que le héros de Carhaix eût portée aussi haut que sa gloire militaire , si son premier devoir , comme il répondit à l'envoyé d'un représentant du peuple , n'eût été de *combattre* et *vaincre* l'ennemi.

Toutefois , nous ne pouvons résister au plaisir de constater ici le témoignage que rendit des *Origines Gauloises* , un savant de l'époque , M. Villebrune , ancien professeur de langue hébraïque du collége de France et bibliothécaire en chef de la bibliothèque nationale. Nous ne citerons de sa lettre à Latour-d'Auvergne que les passages que tout le monde peut comprendre, sans posséder la connaissance de plusieurs langues. Après les avoir lus on s'étonnera, comme nous , qu'il se trouvât des hommes conservant leur innocente passion pour la philologie , sous ce régime de la terreur où, pour me servir de l'effrayante image de Shakespeare, les *enfans osaient à peine sourire....* Une réticence et quelques mots de cette lettre , imprimés en italiques , feront frissonner les vieillards qui se souviennent , et seront une leçon pour les ardents progresseurs tout prêts à recommencer le drame ! *tempora nova !*

Paris , le 24 frimaire , an 5 de la république française.

Citoyen ,

« Vous m'avez fait une demande à laquelle je ne pouvais répon-
» dre qu'après avoir lu votre ouvrage en totalité. Tracer avec
» certitude la seule voix possible pour arriver aux dernières li-
» mites des *Origines Gauloises* , à la faveur de votre langue, dont
» Diodore de Sicile fesait un si grand cas, il n'appartenait qu'à
» vous de l'entreprendre. Vos rhéteurs n'étaient pas moins cé-
» lèbres :

 » *Gallia causidicos docuit facunda Britannos.*

» Une si vaste plaine, hérissée de tant d'épines, et dans la-
» quelle je n'avais encore aperçu aucun guide que le citoyen Le
» Brigant, votre compatriote, m'avait toujours paru imper-
» méable; mais ses conversations, ses détails que je vois appuyés
» par les vôtres', me feraient rentrer dans l'arène, si ma posi-
» tion actuelle me le permettait; je vois avec quelle justesse d'es-
» prit Bochart a dit, après Tertullien, *quod antiquum*
» *verum.*

» Ce sont les cinq ou six siècles antérieurs à Homère, qui
» ont jeté sur l'antiquité de nos usages religieux et civils, le
» voile presqu'impénétrable dont vous venez de déchirer un
» si grand lambeau. Des Celtes venus du *Bor* ou mer Baïkal,
» apportèrent avec eux, le long de la mer Noire, dans la Phry-
» gie, la Thrace, enfin dans la Celta de l'ancienne Grèce, leurs
» usages civils, religieux et militaires. »

Le savant Villebrune parcourt ainsi les contrées boréennes,
hyperboréennes, y rencontre les descendans des Celtes dont Homère a connu les ancêtres, sous le nom de *Gimmériens*; il suit
la race primitive des Celtes à la Chine, dans la péninsule de
l'Inde, dans la Taprobane, reconnaît les Celtes comme les in-
venteurs de l'écriture Runique, du *Monogamme* qui a servi
de base à tous les alphabets primitifs de l'Europe et de l'Asie;
nous montre nos ancêtres apprenant à *lire* et à *écrire* à la plus
grande partie du globe, se mêlant en Italie à des Pélasges, à
des Egyptiens et formant le noyau de Rome la puissante. Sans
faire l'entier sacrifice de l'Egypte et de la Judée qu'il considérait,
avant d'avoir lu les *Origines Gauloises* et conversé avec Le
Brigant, comme berceaux du genre humain et origines de toute
langue, il avoue la supériorité du système linguistique de La-
Tour-d'Auvergne. Notre dieu *Thor*, il le trouve en Egypte; les
Amazones (Skiold-Mores ou filles à boucliers), il est forcé de
les avouer une race celtique qui a pénétré dans le nord avec

Odin et s'y est assise en fière conquérante. Enfin il termine
ainsi :

« Non, Citoyen, les vrais amateurs de l'antiquité ne verront
» plus dans vos Bretons un peuple barbare, puisque c'est lui
» qui nous ouvre la voie à la connaissance directe de presque
» tous les peuples.

» Votre langue étudiée nous dispensera d'aller chercher chez
» les Hébreux, les origines de toutes les choses. Leur langue
» *très composée* ne sera regardée, avec raison, que comme
» une ramification très éloignée de la vôtre. Du reste, saint Jé-
» rôme que vous citez à propos, ne la regardait pas non plus
» comme originale.

» Il est bien fâcheux, Citoyen, que votre état militaire vous
» force à quitter vos travaux. Nous avons trop perdu par l'*im-*
» *puissance* où est le citoyen Le Brigant de suivre son projet ;
» il avait demandé des secours, dans l'intention de venir à
» Paris, et on ne lui donna qu'*une bribe*, parce que ceux
» qui, en partie, décidaient du sort des sciences, dans les con-
» vulsions de la France, *n'étaient pas susceptibles* de sentir
» l'importance de son travail. Vous lui marquez de l'estime
» *publiquement ;* il la mérite ; mais l'Europe entière regret-
» tera sa perte, *lorsqu'il ne sera plus temps. Il n'a eu d'en-*
» *nemis que quelques*....... et il ne pouvait en avoir d'autres.
» Vous aurez au moins la gloire d'avoir senti ce qu'il vaut.

« J'ai lu et relu, avec admiration, ce qu'il vous a envoyé sur
» votre ouvrage ; quoique ce ne soit que des remarques faites
» en courant, j'y ai reconnu le vrai dépositaire de la langue
» primitive.

« Dérobez quelques moments à vos travaux militaires, et
» indemnisez-nous en partie, de la perte que feront les sciences,
» à la mort du Citoyen Le Brigant. *Il y avait un an et demi*
» qu'on m'assurait qu'il n'était plus, lorsque je reçus une lettre
» de sa part : ne désespérons pas encore, puisque je sais qu'il
» vit et se porte bien.

« Voilà, Citoyen estimable, ce que quelques momens me
» permettent de vous écrire, avec rapidité, après la lecture de
» votre précieux ouvrage; je désire qu'il se trouve assez de
» lecteurs instruits, pour en sentir le mérite, *sed hic piscis*
» *non est omnium.* »

La fin de cette lettre de Villebrune n'est-elle pas une page de
Tacite! *Vous lui marquez de l'estime publiquement.* Voilà
deux mots qui mettent une époque à nu, qui en *rebrassent*
toutes les misères morales, qui en sont, à la fois, la peinture
et la punition. Il fallait alors du courage pour estimer un ami
vertueux... et cette *bribe* accordée au savant dépositaire de la
langue primitive! Aurait-il éprouvé le mal des Gilbert et des
Malfilâtre, le savant des Côtes-du-Nord? Non, Latour-d'Auvergne brisé de fatigues, ne pouvant plus *travailler*, mais pouvant encore *se battre*, vole à l'armée du Rhin remplacer le fils
de celui que la science lui avait donné pour frère... Non, non,
car Latour-d'Auvergne, le fils de Bouillon, le commandant de
l'infernale, cette vieille garde de la république, est mort riche
de 1300 livres de rente !

Origines Gauloises,

LITTÉRATURE. — PHILOSOPHIE.

Pourquoi donc étudier Latour-d'Auvergne dans son livre,
lorsque tous les hauts faits de sa vie sont à notre disposition ?
C'est qu'un livre est aussi une action, une longue action qui
donne le temps d'observer l'acteur. Publier un écrit c'est toujours se compromettre avec les lecteurs, si toutefois on a l'heur
ou mal'heur d'en avoir.

Nous avons vu cette pensée quelque part, et nous déclarons franchement que, pour avoir des fleurs dont nous pûssions émailler notre intelligence, nous avons, dans notre jeunesse, pincé tant d'écrivains par la tête et par les pieds que, s'il fallait rapporter à leur véritable auteur les maximes et pensées qui se grouperont sous notre pinceau en présence de Latour-d'Auvergne, cette âme pleine, cette âme à la vieille marque, montrant un beau visage en tout sens, nous serions l'homme le plus embarrassé du monde.

Oui, lorsqu'on a d'un même homme des écrits et de grandes actions, c'est dans ses écrits qu'il faut d'abord l'étudier ; car celui-là ferait un tour de force littéraire qui écrirait trois ou quatre cents pages, sans qu'un rayon de sa nature morale y perçât. C'est là mieux que sur un champ de bataille que Plutarque ou Froissard vous eussent surpris l'homme dans le héros, l'homme en pourpoint, en pantoufle, et non plus monté sur des échasses, et posant devant les siècles. Ces historiens, qui nous semblent bonnes gens, simples et sans malice, ont la pointe de leur intellect tellement affilée et d'une trempe si dure en même temps qu'elle perce l'austérité de Caton et l'armure de Duguesclin. Ces indiscrets étudient le héros dans son ménage, dans ses vêtemens, dans son rire et dans ses pleurs, dans ses nerfs et dans ses yeux. Quand ils tiennent soit une lettre, soit un manuscrit, soit un livre d'un grand personnage, ils ne le quittent pas qu'ils ne l'aient tellement pressé, fouillé, torturé, que *l'homme*, le fils d'Adam, la vérité individuelle et domestique soient forcés enfin de se montrer au grand jour. Un Froissard tirerait bon parti de Théophile Corret, l'ami de Dieu et des hommes.

Après avoir imité ces grands peintres dans leurs procédés, après avoir criblé de notes et fatigué de nos inquisitions chacune des pages des Origines Gauloises, pour mieux étudier et peindre le philosophe dans ses idées, le littérateur dans son style, nous n'avons surpris d'autre faiblesse du penseur que son

amour, son enthousiasme pour l'Armorique, sa patrie, sa haine
des Anglais qu'il appelle les *usurpateurs* du beau titre de Bretons, eux les *Saozonet*, les Saxons qui ont l'impudence de
nous traiter de Petite-Bretagne, *Britanny!*.. le grave historien
ne peut dissimuler ses haines *vigoureuses* contre les peuples et
les hommes qui ont péché envers sa chère Bretagne. Ce n'est
pas nous, qui condamnerons ces sentimens-là, pas même au
point de vue politique. Car il faut avoir avalé une trop forte
dose d'*éclectisme* pour ne pas voir, de temps immémorial, les
Anglais rongés de jalousie, ennemis éternels de la prospérité, de
la grandeur française. Quelle est donc la politique qui a poussé
dans les flancs de la généreuse France la vandrille du Tau-
réador?.. La politique Anglaise qui nous a plongés si avant
dans le sang des échafauds et des champs de bataille? Pitt et
l'Angleterre. Qui naguère encore a failli troubler la paix du
monde? Palmerston et l'Angleterre.

Oui, comme le héros de Carhaix, les Armoricains abhor-
rent ces léopards qui n'ont jamais eu que l'instinct et l'amour
de la caverne.

Le génie de l'humanité habite la Gaule et la Germanie. L'Allemagne est l'alliée naturelle de la France. Le *Gar-man* et le
Gal-oudec sont faits pour se comprendre et pour s'aimer. Leur
consanguinité leur fait un devoir de s'unir. « *Un frère est un
ami donné par la nature.* » Au jour où la France et l'Allemagne trinqueront, sur le Rhin, et déposeront dans leurs mains
amies le baiser fraternel et l'anneau d'alliance, de ce jour datera
l'ère de la paix et de la civilisation universelle.

Le style des *Origines Gauloises* est mieux que le style du
temps en général ; car s'il est vrai que la littérature est l'expression de la société, assurément les origines gauloises font ex-
ception à la règle. Le style de Corret est de meilleur goût que
l'époque de la terreur où la science elle-même, emphatique et
boursouflée, hurlait comme un club de jacobins. Et ce n'est
pas une mince louange acquise à un écrivain, que d'avoir ré-

sisté à la contagion de l'exemple, et de s'être maintenu dans les lois du bon goût comme dans les lois du véritable honneur. Nous avons entre les mains deux oraisons funébres du héros, composées, en l'an 8, par deux de ses amis, dont l'un fût membre du tribunal de cassation, l'autre représentant du peuple..... Mais bon Dieu! quel style! Il faut bien qu'on nous entretienne d'un héros, pour que quelque chose puisse reluire sous une pareille enveloppe.

Toutefois, soyons juste envers tout le monde, même envers 93. S'il faut condamner avec tant d'autres atrocités que repoussent le cœur et la mémoire, le mauvais goût du vulgaire, déclamant sans conviction, argumentant par vociférations, en revanche on doit rendre à la république cette justice, qu'elle a légué à la France les plus belles pages de sa gloire militaire; que de ses flancs est née l'éloquence délibérative si belle dans Vergniaud! et qu'elle a purifié, *sans l'absoudre*, le couteau du sacrifice humain par l'héroïsme de ses Machabées et de ses martyrs dignes des premiers temps du christianisme.... Oui, *sans l'absoudre!*... Le bon sens de l'humanité, depuis tant de siècles, n'a point absous Caïn, et ne l'absoudra jamais; la religion peut seule lui pardonner. Robespierre et son principe qui fût celui-ci : *acheter le temps au prix du sang*, sont également ment voués à l'*éternelle* réprobation des hommes. Le *fatalisme éclectique* implanté dans l'histoire par la main de M. Thiers, cet écrivain immense, restera là comme une belle colonne dont les inscriptions seront inintelligibles pour la conscience du genre humain. Dieu seul a le secret et le pouvoir des infinies miséricordes!

Latour-d'Auvergne fût donc du petit nombre des écrivains qui, pendant la révolution, conservèrent la pureté du style et la pureté de l'âme.

Corret, écrivain, citoyen, guerrier, peut, comme le tribun Drusus, habiter une maison de cristal, sous les regards de Dieu et des hommes. Les *Origines Gauloises* sont littéraires,

dans le corps de l'ouvrage, et scientifiques dans les annotations.
Le style y porte la pensée avec grâce et sans effort ; l'expression
ne grimace pas dans ce livre sérieux ; elle est avenante, quand
une réminiscence de la terre natale, rafraîchit et colore la pensée du guerrier philosophe ; passionnée, sans exagération,
quand elle rencontre des injustices, des cruautés, quand César
met les Vénètes à l'encan ; rapide et grande quand elle parcourt
les royaumes avec la majesté des coursiers de la Scandinavie ;
toujours, quoiqu'elle narre ou démontre, frappée à l'effigie de
l'Armorique si franche et sincère, style précis : il exprime des
convictions ou des opinions si longuement méditées qu'elles ont
force d'argumens ; sans apprêt, sans faste : car il est audes-
sous de la conception, l'érudition du philologue débordant le
cadre synthétique où se renferme l'écrivain ; dogmatique :
L'auteur a foi dans le *Celto-Breton*, comme le géomètre dans
ses théorèmes ; paradoxal : car le principe philologique des
Origines Gauloises est une hérésie, dans la science, une
étrange nouveauté, une audace de la pensée, et d'ailleurs,
l'écrivain est *Breton*.

Tel est notre jugement sur la valeur littéraire des *Origines
Gauloises :* nous ne craignons pas qu'il soit démenti. Nous
connaissons foule d'ouvrages nouveaux qui ont pour objet l'Armorique et sa langue ; mais rien, rien n'égale, dans leur espèce,
les *Origines Gauloises*, sous le rapport littéraire, encore moins
sous le rapport philosophique. Un Breton de quelque intelligence
doit compléter son éducation et son instruction par la méditation de Latour-d'Auvergne et de son livre, comme un Alle-
mand doit compléter la sienne par la méditation de Wurmser
et de la *Germanie* de Tacite. Hommes *désespérants* que
ceux qui portent un cœur si fort et un esprit si droit ! Ils
ôtent aux hommes de bon sens le courage d'écrire ou d'agir
après eux. *Sanos quidem homines à scribendo deterruit.*
(*Cic. in Brat. cap.* 15 *de Cæsare.*)

Pour nous qui avions la prétention de pénétrer dans la vie

et les mœurs de l'Armorique plus avant que nos confrères de la petite littérature contemporaine, nous sommes honteux de notre prétention, depuis que nous avons non pas lu, mais médité les *Origines Gauloises*, comme les saints pères méditaient les divines écritures. Pour acquérir de l'Armorique la vue pure, élevée, profonde de Corret, il faudrait, comme lui, avoir mis des années à *forger* son esprit par la réflexion, à le *meubler* par la lecture des livres et du monde ; il faudrait, par la pratique de la vertu, s'être fait une belle conscience dont le style est la radieuse lumière : deux genres d'exercices inusités dans cet âge matériel, travail déconcertant, double armure de Théophile Corret, qui nous casse les bras à nous autres phraseurs.

Voici comment le citoyen le Gard, ami intime de Latour-d'Auvergne résume ses travaux, dans l'oraison funèbre qu'il prononça dans le temple de la commune de Passy, le 22 messidor an 8 :

« L'art militaire était le principal objet de ses méditations : mais
» il pensait que toutes les sciences sont sœurs, comme les vertus ;
» qu'elles devaient prêter un mutuel secours à cet art que la folle
» ambition des conquêtes a rendu si célèbre, si funeste, *si né-*
» *cessaire pour les peuples paisibles.* Il s'y livra tout entier,
» surtout aux mathématiques *qui* portent tant de rectitude dans
» l'esprit, *qui* ont contribué à étendre la sphère des connais-
» sances humaines et *qui* sont devenues le flambeau de toutes les
» sciences et de tous les arts. L'étude de l'histoire qui est une
» étude de morale et de politique, *(Je vous épargne ici les qui*
» *sans fin de la période républicaine)* eût pour lui beau-
» coup d'attrait, comme celle des langues anciennes, si néces-
» saires pour bien connaître l'histoire. Il les entendait, il les
» parlait avec autant de facilité que *celles des différentes na-*
» *tions de l'Europe*....... »

Après avoir analysé les Origines Gauloises qui réservaient à leur auteur la *première place vacante* à l'Institut, il continue :

« Latour-d'Auvergne que charmaient Homère et Pindare, était

» trop l'ami des hommes pour avoir dédaigné ni l'étude des lois
» naturelles qu'ils suivaient avant l'établissement des sociétés, ni
» célle des lois politiques et civiles qui forment, qui maintiennent
» les gouvernemens, et dont l'harmonie peut seule faire le bon-
» heur des peuples. Burlamachi, Puffendorf, Grotius, Gravina,
» Montesquieu, Rousseau et Mably ont été long-temps l'objet de
» ses méditations. »

On a peine à croire que la vie d'un soldat, vie si agitée dans l'époque la plus belliqueuse peut-être de l'histoire humaine, ait suffi à ces immenses travaux. Mais il n'y a qu'une réponse aux incrédules : « Latour-d'Auvergne était un homme extraordinaire. »

Nous revenons à notre Bretagne et aux Origines Gauloises que nous laisserons bientôt aux hommes compétents, aux Dom Le Peltier et aux Gonidec, pour suivre, hâletant, la marche guerrière du héros.

Latour-d'Auvergne n'a composé son livre qu'afin de glorifier sa patrie injustement humiliée par le scepticisme de son siècle. Que la Bretagne, avec sa foi immuable, avec ses mœurs fermes et intégres, au milieu des agitations incessantes des autres provinces, ait provoqué les sarcasmes et les ricannemens Voltairiens, nous n'en sommes pas émus, au contraire. Il est beau de partager le sort du christianisme lui-même qui n'a pas été respecté par le 18me siècle, cel audacieux contempteur. L'Armorique doit être fiére d'avoir résisté à Voltaire, à la révolution, comme sa ceinture de granit résiste à l'océan, ce rude lutteur ; de n'avoir jamais incliné sa tête chevelue que devant Dieu et devant la loi, mais la loi sainte et non sanguinaire.

Alcibiade et Sardanapale par l'esprit et les sens jusqu'aux jours de sa maturité, soldat et tribun dans sa verte vieillesse, le 18me siècle s'est trouvé dans les conditions les moins favorables à une philosophie saine et impartiale. La passion est son essence.

Latour-d'Auvergne spectateur des dernières orgies de Louis XV, en eut le regard et le cœur attristés, lui qui venait des Galoudec *(prisca fides)*, et les vertus qui font la force des nations vivaient, sous le chaume, côte à côte avec les bœufs, ces patients agriculteurs, avec la vache, nourrice d'hommes illétrés, mais non ignorants et stupides, puisqu'ils étaient vertueux et sages. Détermination Bretonne admirablement paradoxale! Voilà les hommes et les choses qu'il veut mettre en face d'une civilisation dont la pensée, dont les muscles s'énervent dans les longues saturnales du scepticisme et de la volupté. Et notez bien que ces hommes en sont encore à respecter Dieu et ses Ministres, à croire que la prière est la respiration des belles âmes, à découvrir leurs têtes carrées et chevelues, au tintement de l'Angelus. Latour-d'Auvergne est interrompu dans son œuvre philosophique par foules de combats et de batailles; mais il porte son manuscrit et son crucifix d'ivoire dans son sac de grenadier. Le front penché sur l'affût du canon qui doit assurer notre régénération politique, il médite notre régénération morale. Ramenant notre attention à la langue primitive il appelle, il invite nos cœurs à la pratique des antiques vertus des Celtes, les pères de toute civilisation, les héritiers directs des pieuses traditions de l'Eden. Son ouvrage, même au milieu de nos tempêtes, fût médité, apprécié par les savans, loué par le gouvernement, sitôt qu'il y eût un gouvernement capable de le comprendre. Pour des temps si rudes il eût un succès immense. Trois éditions en furent bientôt épuisées en france et en Allemagne. L'édition la plus complète est celle de Hambourg publiée en l'an 9, celle-là même qu'il préparait encore, lorsque la mort au champ d'honneur vint couronner sa vie de soldat. Mais il avait mis l'intelligence et la main à d'autres travaux importans sur la langue Celtique; ces travaux seraient-ils perdus pour la science et pour nous Bretons?..

Au combat de Lomiten (1807, 5 juin), combat sanglant où, comme d'habitude, se couvrirent de gloire le 46me et le terrible 57me de ligne, ces deux frères glorieux, il y eût un moment de trouble impossible à décrire. Le sang froid ne revint à ces braves que lorsqu'ils eurent retrouvé le caporal, *gros blond, vigoureux* qui portait le *cœur.* Il fut rencontré mort parmi les saules qui bordaient la rivière de la *Passarge,* mort, mais ayant la main sur le cœur du premier grenadier de France, placé sur sa poitrine.... La joie fut grande dans les rangs de la brigade du brave général Ferey. Soult, le duc de Dalmatie, descendit de cheval pour se mêler aux combattans. Il voulut admirer de plus près le *savoir faire* des tirailleurs du 24me léger et celui des 46me et 57me de ligne, fils jumeaux de la gloire. Lui, le plus grand de ce qui survit d'une armée de généraux, vous dirait sa joie à lui-même et les *vivat* des blessés et des mourans en revoyant le cœur de Latour-d'Auvergne.........

Nous Armoricains, amoureux de notre Théophile Corret et de notre belle langue Celtique, nous pousserions aussi un cri d'allégresse, nous entonnerions l'hymne de nos pères, si l'on venait à découvrir les manuscrits tels quels, que devait renfermer le sac du premier grenadier de France. Mais un Cosaque les aurait-il déchirés pour en faire des cartouches?...

C'est le droit de la guerre!

———

—Le culte des lettres et de l'Armorique revit dans un descendant de Latour-d'Auvergne. Nous croyons faire plaisir à la grande ombre du Premier Grenadier en citant ici quelques strophes empruntées aux *Nuits Rêveuses* d'Hyacinthe Dupontavice, notre élève, *petit-neveu* de Latour-d'Auvergne.

O toi, rude Bretagne, aux horizons pleins d'ombre,
Où, sortis de la mer qui baigna ton front sombre,
Se croisent arrondis les côtaux vaporeux ;
Fier pays des éclairs et des côtes aigues,
Et des épais taillis empanachés de nues,
Et des loups et des chemins creux ;

Bretagne où le rêveur s'arrête pour entendre,
Sous la brume des soirs, cette complainte tendre
Que chantonne l'enfant qui garde les moutons,
Tout seul avec son chien, dans la bruyère aride,
Assis contre un rocher, vieux autel de Druide,
    A côté d'un feu de buissons ;

Bretagne ! Cher pays ! Oasis solitaire !
Fraîche au sein de nos flots de feux et de lumière,
Ah ! gardé bien tes mœurs du temps patriarchal !
Que l'esprit de ta mer et de ton ciel sauvage,
  Repousse le progrès qui cache l'esclavage
    Sous les plis d'un manteau royal !

Le Progrès éteindrait l'amour de la patrie,
Et la lampe du vœu, sur l'autel de Marie,
Et l'antique *Biniou* se verrait méprisé.
Dalila couperait sa forte chevelure !
Et tes fils changeraient leur veste en bonne bure
    Contre un haillon civilisé ! »

LATOUR-D'AUVERGNE,

SOLDAT ET CITOYEN.

Latour-d'Auvergne, philosophe habite les temples sereins que la pensée se construit sur les monts, pour observer la foule humaine avec plus de calme et d'indépendance. Mais citoyen et guerrier, il est au milieu de nous, affable et poli comme un grand seigneur; simple et franc sous le chaume breton, grave sur le champ de bataille, ayant le mot pour rire au bivouac. Ce serait pourtant un livre bien long et bien profond que Latour-d'Auvergne, citoyen; ce serait toute la chronique, toute la vie intime de la république française, car sa nature exceptionnelle et supérieure a heurté les choses et les hommes de ces temps grandioses ou bizarres. Puis l'historien, au 19me siècle, a la démarche lente et solennelle comme celle de l'homme en médi-tation ou bien en prière.

Pour avoir fait quelques visites de rigueur à l'aristocratie de Louis XV qui avait la bouche faite aux bouderies savantes des Pompadours et aux blasphêmes voltairiens, parfumés de bel esprit ; pour avoir coudoyé, malgré lui, la *sainte* canaille ivre de sang, et cette assemblée de sublimes fous qui décrétait des massacres au dedans, des victoires au dehors, la mort de la religion et l'existence de Dieu ; poür avoir eu l'heur ou malheur d'assister à ce drame vraiment dantesque, Théophile Corret est-il changé ? Non, il est resté tel que sa mère l'avait mis au monde, tel que l'avaient éduqué les savans jésuites de Quimper, c'est-à-dire, Breton du cœur au cerveau, de la plante des pieds au bout des cheveux. C'est que la Bretagne est l'élément résistant de la France, et que Latour-d'Auvergne était bien le génie de l'Armorique incarné.

Jean-Jacques Rousseau consentait à ouvrir sa porte à la médecine, mais s'obstinait à la fermer aux médecins. L'Armorique accepte le progrès, mais, non les progresseurs ; les livres de connaissances utiles, mais non leurs auteurs; la vraie science de la richesse, mais non les philantrophes ; les chemins de fer enfin, pourvu que les wagons ne lui voiturent que de bons instrumens de labourage et pas de sociétés en commandite, et d'éloquens *tapageurs* qui se disent des apôtres. La Bretagne prie et travaille; la théorie du bonheur est dans ces deux mots.

L'Armorique a son instinct et son bon ange, qui lui disent, comme à Latour-d'Auvergne, qu'une guerre avec les *Saozonet* est une œuvre de justice et de civilisation dont les rois confieront l'exécution à la France. Voila pourquoi il est bon que l'Armorique oppose aux rénovateurs sa tête d'airain, son héroïque résignation à la volonté de Dieu et à celle du roi. Otez à la Bretagne ces vertus du vrai chrétién et du vrai matelot, donnez-lui en échange, l'indocile raison de vos artisans parisiens, vous anéantissez la marine.

Et pourtant une guerre avec les Saozonet est une nécessité du siècle même où nous vivons ; aveugle qui ne la voit pas !

L'Angleterre, ancrée dans l'égoïsme national, résiste à l'évangile que l'Europe veut mettre en action. On ne résiste pas à Dieu impunément.

Trop tard les Anglais le comprendront. Brest et l'Armorique vont se retremper. Brestois, Armoricains, premiers marins du monde, n'êtes-vous pas du même sang que Noménoé, Duguesclin, Richemond, Dugay-Trouin, cet immortel *quaternaire* de l'héroïsme Breton que nous jetons aujourd'hui comme un fer rouge et brûlant dans la mémoire des Anglais. Il faudra bien en finir avec ce cabinet britannique qui tient en échec la paix et le bonheur du monde. Après avoir invoqué le bon sens de l'humanité, la juste et intelligente neutralité de l'Europe, que *Joinville*, au nom du ciel, au nom du roi, frappe du pied le sol de l'Armorique, et Brest donnera le signal, et la Bretagne s'élancera sur Albion pour l'étouffer dans ses bras..... ou pour sombrer dans l'Océan, comme le *Vengeur!*....

Telle est la destinée de l'Armorique, Latour-d'Auvergne l'a dit ! Bretons, pour y préparer les âmes et les bras de vos enfans, nous allons placer sous vos yeux les principes de vaillance, de vertu et d'honneur que contient l'urne d'argent avec le cœur de Latour-d'Auvergne.

Analyse de la vie militaire de Latour-d'Auvergne.

Mousquetaire, le 23 avril 1767 ; sous-lieutenant au régiment d'Angoumois, le 1er septembre, même année ; lieutenant en second, 16 avril, premier lieutenant, 21 mai de la même année ; capitaine en second, 8 avril 1779 ; capitaine de grenadiers, 5 février 1792. Services effectifs, 33 ans ; services et campagnes, 45 ans.

Telle est la carrière militaire que fournit Théophile Corret. Il met 25 ans à devenir capitaine, et s'arrête là, rayonnant de gloire et d'immortalité. Par le fait, c'est un général de division ;

car il commande la colonne infernale composée de 8,000 soldats d'élite. Vie de grenadier bien noble et bien pleine dont voici le résumé :

A 23 ans, Corret choisit le service des armes, par passion et non pour complaire aux vues ambitieuses de ses parens, comme l'ont dit quelques-uns. La France est en paix. Corret tourne vers l'étude des langues et de la stratégie la dévorante activité de son esprit.

Mais voilà que la prophétie de Turgot se réalise ; l'Amérique est mûre pour l'indépendance, elle se détache de la métropole, comme le fruit de l'arbre. Corret qui ne s'est point fait soldat pour la vie des boudoirs, pour *pêcher la gloire a la ligne* dans les antichambres et pour devoir les épaulettes de colonel à sa belle tournure, à son joli visage (elle était bellement logée l'âme du premier grenadier), jette là sa plume et son compas et s'en va briguer la faveur de se faire tuer pour la liberté du nouveau monde. Cette faveur lui est refusée. Corret se résigne, il est soldat, il sait obéir, il saura commander, soyez en sûrs, vous le verrez à l'œuvre. Pourtant, une guerre contre les Saozonet, ces banquiers sans âme, c'est une guerre sainte. Corret se ravise ; il implore et obtient la faveur de se battre, à Mahon, contre les Anglais ; désormais il tient la gloire en main. Il arrive, met le feu à une frégate anglaise, retourne parmi les siens portant un soldat blessé sur ses épaules. Le duc de Crillon lui propose le commandement des volontaires, il refuse ; Charles III d'Espagne lui envoie son ordre avec une pension de 100 pistoles ; il accepte la décoration et refuse l'argent. Plus tard, Bouillon lui propose 10,000 livres de rentes, il refuse. On voudra en faire un colonel, un général, il refusera ; il refusera même le titre de premier grenadier de la république !

Désormais Corret, en France comme en Espagne, comme en Savoie, passe pour un soldat digne de Sparte et de Léonidas. Ainsi débute le Cid, ainsi Roland, ainsi Duguesclin, mais sachez que, la vèille du jour où il s'engagca dans les volontaires, on le vit pleurant devant le mausolée de Turenne aux Invalides. Napoléon , côte à côte avec Turenne , sous le dôme de Louis XIV a dû sans doute complimenter le maréchal au sujet d'un tel bâtard dans sa famille.

L'Angleterre ayant été mise à la raison , et la paix étant conclue , Latour-d'Auvergne retourne à son drapeau , à son ami Le Brigant , à ses livres , à sa langue bretonne. Il s'endort dans les souvenirs de sa patrie.

Mais, au premier mugissement de la tempête révolutionnaire, il s'éveille en sursaut , il regarde autour de lui. Les officiers et le colonel ont fui. Il saisit le drapeau national qui sera son drapeau jusqu'à la mort. « Périsse , s'écrie-t il , périsse le lâche qui abandonne son pays ! J'appartiens à la patrie ; soldat, je lui dois mon bras ; citoyen , respect à ses lois ! »

Voici les grandes batailles.... L'Espagne est le théâtre où le républicain Corret va se montrer intrépide , comme naguère, à Mahon , le chevalier d'Auvergne. Il vole aux Pyrénées; la Bidassoa n'est plus la limite de la France , qui suit les pas de Moncey et de Corret , son grenadier. Moncey , tout vieux qu'il est, se fera porter , le 27 juin 1841 sous le dôme du grand roi, pour entendre converser Turenne et Napoléon.

27 Redoutes en échelons sont emportées; Guipuscoa , Catalogne , Galice , Castilles , tout s'émeut , toutes les juntes se forment , l'Espagne est en feu; la colonne infernale se dispose à saisir Madrid à la gorge.... Mais une paix glorieuse , la paix de Bâde arrête la terrible phalange. Latour-d'Auvergne rentre à Bayonne , où il publie, en passant, la première édition de ses *Origines Gauloises ;* puis, s'embarque pour l'Armorique , avec quelques soldats Bretons, ses frères d'armes. Mais il est surpris comme César et enlevé avec les siens par un pirate. Latour-d'Auvergne est le prisonnier des Saozonet.... *Monsieur le chevalier*, l'appelle sans cesse ironiquement le grossier capitan. — « Appelez-moi *citoyen*, lui répond avec un regard dédaigneux le sincère républicain ; je me sens plus fier de l'être de-

puis que je suis parmi vous. » — *Monsieur le chevalier*, allons ! passez au fond de la câle , à la ration des matelots , *monsieur le chevalier* , il faut bien pratiquer ici l'*égalité !*

Il aborde l'Angleterre, on le jette dans une prison, et pour achever la plaisanterie, on lui envoie un agent pour lui arracher la cocarde nationale. Latour-d'Auvergne l'enfile jusqu'à la garde de son épée, et nul n'ose l'approcher, et la cocarde de ses compagnons est respectée !

Une année de captivité profite à Corret, comme une année de victoires. Il rapporte de l'Angleterre l'étude comparée du Gallois et du Breton, affection pour l'Irlande et pour l'Ecosse, redoublement de haine pour les Saozonet.

Il vole à Passy, chez son ami Poulian, partage son temps entre l'amitié et les *Origines Gauloises*. Il ne fait pas même une visite au gouvernant. Car voici son mot favori et sa croyance : « Le gouvernement est un soleil qui brûle sous l'équateur; il échauffe sous les tropiques. »

Voilà pourtant qu'il se relève soldat intrépide à 50 ans. Il accourt à l'armée des Alpes, en qualité de remplaçant volontaire du 22ᵐᵉ enfant, nécessaire à la subsistance du dépositaire de la langue primitive à qui le gouvernement n'envoie qu'*une bribe pour tout secours*. Masséna est content de ce remplaçant là, qui entre dans Zurich à la tête des grenadiers, et l'aide puissamment à culbuter les Russes. Puis, après deux ans de vaillance qui suffiraient à la gloire militaire d'un général , il revient voir son ami Le Brigant et le remercier à outrance d'une bonne aubaine, de la découverte d'inscriptions et de médailles précieuses, qu'il ne posséderait pas, si son fils avait tiré un bon numéro.

Enfin, la couronne d'une si belle vie, c'est la grenade de premier grenadier de France posée sur son bonnet, et un sabre d'honneur offert par la main du 1ᵉʳ Consul , et mieux que cela pour Corret...... La mort au champ d'honneur !

Causeries Morales et Militaires.

MAXIMES.

Latour-d'Auvergne venait de se signaler à Mahon par des coups de maître en fait d'audace et de talent militaire. Un tel homme pouvait être utile à l'émigration armée. Mais, la conquête d'un soldat si rigide n'est pas chose facile. Comment l'aborder? en lui rappelant qu'il est noble, qu'il se doit à la cause de la monarchie..? Il répondra que les Francs nos ancêtres n'admettaient d'autre distinction que celle du courage. « Nous avons sur le trône le meilleur des hommes (Louis XVI), vous le perdrez, au lieu de le sauver. » — Que lui offrir? de l'avancement?. ne vient-il pas de refuser le commandement des volontaires! De l'argent! Fi donc! — Des décorations?.. Pareille glue ne résiste pas aux aîles de l'aigle... — Qu'importe, l'émigration fera des frais de rhétorique à pure perte; elle envoie vers Corret une députation. Le colonel d'Angoumois lui fait des propositions au nom de la monarchie en péril, au nom de Turenne, au nom de l'honneur. Mais le grenadier répond :

«Quels sont donc mes précédents pour que vous osiez me faire la proposition d'émigrer avec mon épée! J'ai prêté serment à la Constitution, je suis d'un pays où la parole est sacrée : prenez tel parti qu'il vous plaira; je ne me règle pas sur les autres, et toute l'armée émigrerait que je n'émigrerais pas.... »

Le colonel insista sur l'honneur militaire.

« Vous invoquez les lois de l'honneur, s'écrie Latour-d'Au-

» vergne offensé, ah! plutôt que d'obéir à ces prétendues lois
» qui me conseillent le parricide, comme Thémistocle, j'ava-
» lerais le plus terrible des poisons. »

Les minces intelligences croient toujours avoir assez de bon sens pour leur provision. Corret ne dédaignait pas plus que Montaigne de frotter et limer sa cervelle contre celle d'autrui. A Carhaix, il aimait à causer Breton avec le Galoudec, son frère ; au bivouac, à se faire raconter leurs prouesses par les vieillards de Fontenoy. Il puisait à la source les traditions bretonnes et les exemples de discipline militaire. Il était sévère sur ce dernier point, et cette sévérité rendit deux services à la république.

L'infanterie apprit à résister aux charges de cavalerie avec un aplomb admirable ; les camps furent fermés aux *raisonnemens* politiques. « Nous savons que l'ennemi est là... Voilà tout ce qu'il faut savoir, disait-il souvent à ses grenadiers. » — La sévérité militaire est un devoir dans un chef; un capitaine doit être grave naturellement. Il n'est rien de plus choquant que les façons de petit maître d'un colonel et les manières galantes d'un prêtre. Le prince De Ligne raconte, dans une lettre, que la princesse Galitzin sortant des jardins de Platon, Archevêque de Moscou, lui demanda sa bénédiction. Le prélat prit une rose et avec cette fleur bénit la princesse. — C'est fort gracieux et spirituel, mais du tout espiscopal.

Latour-d'Auvergne fesait pour sa conscience ce que d'autres font pour la gloire ; de cette manière il arrivait à la gloire sans y songer.

Les grenadiers Bretons étaient nombreux parmi les braves de la colonne infernale, nombreux naguère dans ce petit nid de

Mazagran, nid-d'aigles, si l'on en croit le jugement du peuple, bon naturaliste, quand il s'agit d'une pareille race.

Or donc, le soir d'un jour de combat, des grenadiers bretons devisaient sur la manière de faire de Latour-d'Auvergne. Tous, en dernière analyse, tombaient d'accord sur ce point, savoir : que Corret portait sous son hausse-col un *lousou,* un talisman. Mais le plus vieux de ces Galoudec à poil, qu'on eut pris pour Nestor ressuscité, tant sa barbe blanche reluisant à la flamme du bivouac, imprimait d'autorité à sa physionomie! *Caour* de *Primélen* secouant sur l'ongle la cendre de sa pipe noirâtre : je vous dis moi, aussi vrai que *Primélen* est mon village et *Jiouen Mérour* mon père, je vous dis que le *lousou* du capitaine, c'est un beau Christ en ivoire. Je crois, *tan-doué!* que le capitaine ne serait pas meilleur lapin que moi, si je pouvais renoncer à mes jurons, si je savais prier... *pen-bué!..* mais je suis trop vieux pour me corriger... — « On n'est jamais trop vieux pour se corriger, *Caour Primélen.*» — C'était la voix de Latour-d'Auvergne lui-même qui, venant faire à ses camarades sa visite de rigueur, avait entendu les derniers mots du Nestor des bivouacs. — Il serait plus sensé de permettre aux jeunes de dire : « Nous sommes trop jeunes pour nous corriger. — C'est vrai, capitaine, puisque vous le dites, si vrai que, hier encore, vous m'avez corrigé d'une chose. J'avais parié une pipe de tabac, que le diable lui-même ne prendrait pas d'assaut le fort Saint-Sébastien avec une seule pièce de huit. J'ai perdu, *pen-bué!* — Savez-vous, capitaine, que vous m'en coûtez des pipes de tabac. Vos miracles mettront ma blague à sec, *tandoué!... — Caour* de *Primélen,* pour un vieux de Fontenoy tu ne sais pas qu'il est mal de dire : « J'ai fait mordre la poussière, j'ai enlevé un drapeau..» Il faut dire *nous* et non pas *je.* Je ne vaux pas mieux que vous... mes amis, l'homme qui fait son devoir n'a pas besoin d'éloges. — « C'est vrai, c'est vrai, excuse, capitaine, mais je suis trop vieux pour me corriger... *tan-doué! pen-bué!*

Comme Periclès, Corret voyait « le bonheur dans la liberté, la liberté dans le courage. » Il avait fermé son cœur à l'ambition, la plus triste des espérances. Son rêve politique était dans ces deux mots : *liberté dans l'ordre.*

Quand on louait en sa présence Dugommier, Bonaparte ou Moreau, il approuvait; mais à l'heure où tout dormait, excepté les sentinelles, il interrogeait son Christ, son démon familier qui lui répondait : «Tant qu'existera le culte des noms propres, les peuples seront désunis et faibles, les esprits agités, les passions turbulentes, les pouvoirs de la terre chancelants. Il n'y a que trois noms qui soient des autorités : la *religion*, la *nation*, le *roi ;* car ces trois noms sont des principes, et le culte des principes doit remplacer celui des noms propres, idolâtrie, funeste à la paix, au bonheur de l'humanité. Latour-d'Auvergne médita ces paroles dont toute sa vie fut la consécration.

« Il fera chaud aujourd'hui, murmurait une petite troupe, en gravissant les Pyrénées... Ces chiennes de montagnes cassent les jarrêts, et les forteresses nous montrent les dents. » En effet, il fit chaud, ce jour-là ; car le détachement de la colonne infernale commandé par Latour-d'Auvergne se trouva subitement dix mille Espagnols sur les bras. Ce nombre ne fait peur ni à lui ni à ses compagnons. Ils imposent quelque temps à l'ennemi par une contenance audacieuse et un feu bien dirigé ; mais les munitions vont manquer.. «Cessez le feu, grenadiers, s'écrie le capitaine breton. » « *C'est un ci-devant,* il veut aussi nous trahir, s'écrient quelques écervelés qui n'étaient pas de sa compagnie. » — Soldats, vous me connaissez, je suis votre camarade, votre ami'; méprisez ces discours de fous, et nous sortirons de ce pas. »

Les Espagnols, jugeant au silence des Français qu'ils sont disposés à se rendre, s'approchent d'eux avec précaution. Latour-d'Auvergne attend qu'ils soient bien à portée, et fait diriger contre eux sa mousqueterie et ses pièces de campagne chargées à mitraille. Le désordre se met parmi les ennemis ; le commandant Français en profite pour faire filer sa petite troupe. Il se retire avec quelques prisonniers, sans avoir perdu un seul homme. On voulait qu'il punît les séditieux : « Je ne les connais, ni ne veux les connaître ; cette leçon leur suffit ; ils seront plus dociles et plus confians, une autre fois. »

Le *ci-devant* n'aimait pas comme le sans-culottes à commander des *exécutions*, il aimait mieux vaincre et pardonner.

———

Comme Bonoparte, Latour-d'Auvergne fuyait le pouvoir révolutionnaire, cadavre empoisonné qui tuait les vers qui voulaient s'en nourrir. Il lui fesait sa cour... mais de loin, et par des victoires.

———

On ne peut pas dire de Latour-d'Auvergne que la fortune lui tint lieu de vertu : *quibusdam fortuna pro virtutibus fuit* (Tacite). Sa vertu au contraire fit sa fortune.

———

Le comité du salut public songeait à destituer Latour-d'Auvergne qui, en sa qualité de noble, ne pouvait même risquer, tous les jours, sa vie pour la France, sans encourir les soupçons des gouvernans : mais la probité militaire de Latour-d'Auvergne était telle que la prunelle des espions y fut *sen-*

sible; en sorte qu'ils laissèrent échapper dans leur *rapport* cette vérité, à savoir : que le commandant de la colonne infernale était *indestituable;* que les grenadiers, sous peine de révolte, *ordonnaient* qu'on leur laissât leur capitaine.

Le directoire mieux avisé expédie à Latour-d'Auvergne le grade de colonel. Sa commission à la main, le capitaine Corret vient demander et recevoir l'ordre de sa compagnie de grena diers. — Tous les grenadiers de rire, bien entendu. Moi je ne ris pas, mes camarades, reprend Latour-d'Auvergne; vous n'avez point permis qu'on m'otât mon épaulette de capitaine, me permettez-vous d'accepter le grade de colonel? — Ce devait être un spectacle bien beau, dans son espéce, que celui qu'offrit Latour-d'Auvergne, au milieu de ses grenadiers. — Non, s'écrie le bataillon sacré de la république, non, capitaine, c'est général et général en chef qu'il faudrait vous nommer, si l'on vous rendait justice ; oui, qu'on vous nomme général en chef; nous *approuvons* l'ordre du jour de la république. A la question, grenadiers. — Capitaine, nous ne pouvons pas, mais.... c'est-à-dire que voilà.... si vous devenez colonel ailleurs, nous autres nous serons orphelins.... — Des larmes ruisselaient sur la moustache des braves.... Latour-d'Auvergne est ému... — Vous êtes donc contents de moi, grenadiers ? — Si nous sommes contents de vous, ça va sans dire, capitaine, mais l'êtes-vous de vos grenadiers plutôt... — Enfans, je renvoie ma commission à qui de droit; c'est bien entendu, je mourrai votre capitaine. Je vous attends à dîner à la cantine.

La cantinière a bientôt préparé le banquet militaire. On est mieux traité chez Cambacerès assurément; mais, des sentimens de bravoure, de joie patriotique, de franchise militaire parcourent l'atmosphère de la cantine, ainsi qu'un fluide électrique éclatant çà et là en paroles énergiquement Françaises et Républicaines. — A la fin du repas, Latour-d'Auvergne verse à tous du vin d'Espagne, et se levant : « Camarades! entre nous, à la vie, à la mort !»

Cette merveilleuse scène, unique peut-être, dans les fastes militaires, explique le magique empire qu'exerçait Latour-d'Auvergne sur les soldats. Ajoutez-y le sentiment de fierté qu'ils éprouvaient, en voyant leur illustre camarade appelé à dire son avis, à présenter son plan dans les conseils où l'invitait le général en chef. Forcé dans sa modestie par le devoir de l'obéissance, le capitaine Corret s'y rendait. Les soldats lisaient, dans ses yeux, la victoire dont il venait de formuler le plan.... Ce n'était plus pour eux un homme.... mais un Dieu.... Au son de sa voix, à la lueur de son sabre, ils se précipitaient au plus fort du danger. Les harangues eussent été un luxe inutile.... Sa présence et son exemple parlaient trop fort au cœur des grenadiers.

Nous avons dit l'éloignement de Latour-d'Auvergne pour la cour hideusement ignorante et corrompue que s'était formée le comité du salut public. Robespierre et Corret, ce sont les deux extrémités du monde moral, le génie du crime et celui de la vertu, satan sur le trône et Vincent de Paul sous l'uniforme du grenadier. Il savait qu'on ne hante pas impunément ces turpitudes, qu'on en revient toujours moins homme. Cependant, il brava souvent le pouvoir si ombrageux, oui, braver... car il était moins dangereux de heurter la lance ennemie, sur les frontières, que d'aborder la clémence du gouvernement républicain qui condamnait la voix des cœurs vertueux et refoulait la pitié jusqu'au fond des entrailles. Hé bien! combien de fois n'obéissant qu'à sa conscience, qu'aux inspirations de son Christ, Théophile Corret n'a-t-il pas essuyé les refus insolens, les regards *néroniens* des sans-culottes intrônisés, quand il venait se faire solliciteur auprès de ces monstres en faveur d'une femme et de ses orphelins ; quand il venait les supplier d'ouvrir le cachot où grelottait sur la terre humide un pauvre vieillard qui voulait, avant de mourir,

voir encore une fois le nuage argenté! presser la main d'un ami ,
avant de monter au ciel...., pour toute réponse Corret recevait
des injures menaçantes.

« Mais telles étaient, dit M. Le Gard, dans son oraison fu-
» nèbre, telles étaient la modération, la simplicité de ce héros,
» qu'il ne paraissait ni courroucé, ni indigné de ces stupides ou-
» trages. Il en parlait avec le sourire de la pitié. Il en témoignait
» sa surprise à ses amis indignés, révoltés, mais en les conjurant
» de garder le secret. Il espérait que les nouveaux protées qui le
» dédaignaient, rougiraient, un jour, de l'ivresse de leur gran-
» deur. »

Héroïsme vraiment chrétien ! Cet homme si fier, cet homme
qui répondait si vertement au pouvoir qui le sommait, sous peine
de mort, d'aller rendre hommage à son représentant, cet homme
qui jetait à la tête de Robespierre, à la tête de la Convention, ces
mots que Sparte eut gravés sur les boucliers de ses enfans , et
dont Homère eût doté la langue de son Achille :

« Dis à ton maître que je suis à mon poste, que je ne fais ma
» cour à personne, que je ne connais et ne connaîtrai jamais
» d'autre devoir que celui de combattre et de vaincre l'en-
» nemi !... »

Cet homme se fait solliciteur importun auprès d'un pouvoir qu'il
méprise ; il fait sa cour aux Nanon-Babien, * des Marat et des
Robespierre... Pourquoi? pour sauver une tête innocente ; pour
procurer à un fils le bonheur d'une larme versée dans le sein de
son vieux père ; à une mère, l'avant-joie du ciel dans le baiser de
son enfant. — Mais j'offense Latour-d'Auvergne ; comme son
ami Johanneau , je crains d'affliger son ombre !

Voici une *faiblesse* de Latour-d'Auvergne qui déplaisait fort
aux terroristes :

* Nanon-Babien vieille servante que Madame de Maintenon avait con-
servée du ménage de Scarron, exerçait beaucoup d'empire sur elle et par
ricochet sur Louis-le-Grand.

« Il est, dit M. Le Gard, son ami, une classe d'émigrés qui
» lui paraissait victime intéressante des orages révolutionnaires
» et qu'il croyait digne de l'indulgence du gouvernement ; il dé-
» ploraitlesort d'une foule d'infortunés que la terreur , l'aveugle-
» ment, la tendresse conjugale et la puissance paternelle, avaient
» entraînés en pays étrangers. Il espérait que la paix comblerait
» leurs vœux , en les rappelant dans une patrie contre laquelle il
» ne les soupçonnait pas coupables d'avoir formé des trames
» criminelles. »

La mémoire de Fénélon a des critiques, celle de Latour-d'Auvergne a les siens. Il existe, en effet, des organisations tellement amoureuses de leur laideur et de leur nullité, qu'elles
ne veulent consentir à rien voir de beau et de grand. Ces hommes
sont *ravaleurs* par instinct ; le scepticisme est chez eux une ma-
ladie nerveuse ; c'est la migraine de la gente-menue, des sots et
des fats , petits *jalouseurs* du génie.

J'éprouve avec Michel Montaigne un tout autre sentiment. Ram-
pant au limon de la terre, je ne laisse pas de remarquer, jusque
dans les nues , la hauteur des âmes héroïques; la même peine que
je vois prendre à rabaisser les grands noms , comme lui, je la
prendrais volontiers à leur prêter quelque tour d'épaule pour les
hausser, et je tombe d'accord avec Michel que ceux qui s'amu-
sent à ravaler le génie et l'héroïsme , le font, parce qu'ils n'ont
pas la vue assez forte , assez nette , ni suffisamment dressée à concevoir la splendeur de la vertu , en sa pureté naïve.

L'ouïe d'un homme de sens souffre vivement, quand elle en-
tend ces ricannemens stupides , ces braimens de l'âme mêlés
aux mélodies des anges.

« De Latour-d'Auvergne n'a pas émigré... Par calcul, il est
» républicain, il refuse tous les grades.... par calcul. » Puis on
assaisonne cela d'éloges sur sa bravoure, *qualité vulgaire* en
France.

Oui, c'est par calcul que Corret n'émigre pas, afin de prouver qu'il est encore des gentilshommes en France qui ne pratiquent pas seulement le culte de la monarchie opulénte, des cours voluptueuses, des belles formes de l'urbanité française, mais encore le culte de la patrie, le culte de l'indépendance et de l'intégrité nationale. Sublime calcul qui eût sauvé Louis XVI et sanctifié la révolution, si Latour-d'Auvergne avait eu plus d'imitateurs. Ainsi eussent calculé les guerriers francs, les pères de la noblesse française si féconde en héros! Ainsi calculait le vénérable De Malesherbes; ainsi Turgot, ainsi tous les vrais amis de l'infortuné monarchie de Louis XVI. Autrement calculait le marquis de Maurepas, sot marquis, s'il en fut jamais; ce n'est plus le pinceau de Molière, c'est la plume de fer d'un Tacite qui punira les Maurepas, les Blancas et les Polignac. Corret embrassa la cause de la révolution, parce qu'il vit dans la révolution, la *France*, et dans la stupide résistance des courtisans, dans la contre-révolution, l'*étranger*. Corret voit les choses comme elles sont. Le sang de deux millions d'hommes est d'ailleurs un grand témoignage.

La politique est à l'ordre du siècle; les politiqueurs nous sauront gré peut-être d'esquisser le caractère politique de Latour-d'Auvergne. Nous n'énoncerons que les principes généraux; les détails ne manqueraient pas à nos investigations; mais d'avance, et pour corroborer ce qu'on va lire, nous appelons l'attention sur deux faits : 1° sur le choix de ses amis : Paulian, Toulgoët, Le Gonidec, Rupéross, Moreau, Deuoles, Moncey, Johanneau. Tous ces hommes honorables et purs dont quelques-uns vivent encore, entre'autres Moncey, tous ont professé les principes politiques de Latour-d'Auvergne, résumés en deux mots : *la liberté dans l'ordre.* 2° Qu'on se rappelle le 18 brumaire et le gouvernement qui en sortit. Rien n'égale l'enthousiasme de notre vertueux capitaine, lorsqu'il apprend, dans son modeste réduit de Carhaix, que l'*ordre* et la liberté peuvent coexister enfin, puisqu'une main forte saisit les rênes du gouvernement. De joie il se lève le vieux grenadier, non pour aller demander à Bonaparte les places et les honneurs qui lui sont dûs, mais pour ceindre le baudrier de vaillance et pour mourir au champ d'honneur.

Le caractère politique de Latour-d'Auvergne s'explique par l'Armorique, sa patrie, et par sa vue nette et profonde de l'histoire.

1° Latour-d'Auvergne, promenant sur les choses et sur les hommes au milieu desquels Dieu plaça son berceau, l'attention de ses yeux et de son intelligence, découvre la France originelle, la civilisation gauloise sur les bords de l'Aulne et de l'Odet. Il place devant lui les langues et les livres, ces miroirs ou se reflètent les élémens des diverses civilisations humaines, où l'étude de l'histoire ancienne et moderne lui révèle ces principes :

Les bonnes mœurs, les fortes âmes ont existé partout où la foi exista pure et forte. De la foi en Dieu dérive la politique qui est la foi en l'homme élevé à la *dignité* de principe. La force d'une constitution et par conséquent d'un peuple se mesure sur la consistance et l'énergie de la foi divine dans l'âme des sociétés humaines, la religion est le *Criterion* de Bossuet en politique, c'est celui de Latour-d'Auvergne, c'est le nôtre.

L'homme ne fut jamais, ne sera jamais une autorité pour l'homme. La loi humaine n'existe pas sans la loi divine, comme la conséquence n'existe pas sans le principe. Or, les plus belles pages de l'histoire sont celles où, d'une forte croyance en Dieu, est résultée une autorité humaine forte et par conséquent respectée. Telle l'Egypte, tels la vieille Grèce et les beaux jours de Rome; telles aujourd'hui encore les sociétés, dérivations immédiates de la foi, qui ont survécu aux révolutions, comme témoins de la vé-

rité , dans les montagnes de l'Ecosse , dans les gorges des Pyré-
rénées , parmi les pasteurs helvétiens , parmi les laboureurs de la
Germanie , et enfin plus pures et plus intactes que partout ailleurs, au fond de l'ancienne Armorique. Latour-d'Auvergne ,
vivant dans le canton de la Bretagne le plus inaccessible, dans
les chemins creux de Keraës , où la civilisation nouvelle n'avait
pas encore imprimé la trace de ses pieds, regarde autour de lui,
interroge le monde ancien , et riche des fruits de ce labeur historique , s'enrôle dans les mousquetaires de Louis XV.

Ici , nouveau spectacle, ici la France de 1767. Il cherche une
politique , il n'en trouve pas. La philosophie a mis en question la
monarchie de Louis XIV. De principe qu'elle était , la voilà donc
assise sur la pointe d'un argument cette majestueuse unité mo-
narchique , monument de Louis XI, de Richelieu , de Louis-le-
Grand , si laborieusement construit, si vite ébranlé, renversé !
Pourquoi ?— Les causes sont diverses et nombreuses ; il y a am-
ple besogne pour l'esprit des Gibbon et des Montesquieu ; mais
de toutes les causes les plus saillantes aux yeux de Latour-d'Auvergne , c'est l'indolence de la cour, le sommeil de l'aristocratie,
les plaisirs et le luxe de Capoue. Tandis que l'idée , guerrière
infatigable , toujours travaille et toujours marche , l'élite de la
nation , la noblesse, soit incurie , soit destin, se retire de l'a-
rène des idées ; la bourgeoisie s'y établit et se forme aux luttes
intellectuelles. Latour-d'Auvergne voit l'état des choses, il en con-
nait la portée, il en mesure les suites. La royauté de droit divin est seule en présence des théories nouvelles , d'une armée de
réformateurs ; oui, seule ; l'aristocratie, son soutien, ne s'est
pas mise à la tête du mouvement des idées ; plus tard, quand vien-
dra le mouvement des choses , la royauté se trouvera seule en face
des acteurs du nouveau système politique ; car l'aristocratie, son
soutien naturel s'est oubliée dans les voluptés, dans la matière,
quand elle devait prendre l'initiative et la direction des idées,
pour les réglementer , pour en régulariser la marche en les dis-
ciplinant. Donc, elle est débordée. Sa résistance sera belle de té-

mérité, mais inintelligente et vaincue d'avance, vaincue par le
bon sens national. Car Dieu a suscité le règne de l'intelligence -
étape mémorable dans la marche du christianisme.

D'Auvergne a vu cela, de prime abord, dans les méditations
et dans les livres. Le problème le voilà : l'accord du pouvoir
politique et de l'idée, du principat et de la liberté.

La monarchie ne sera désormais pouvoir *légitime* qu'autant
qu'elle s'harmonisera avec la liberté, fille de l'Evangile. Donc,
le devoir de l'aristocratie, bouclier de la monarchie, est de
prendre le commandement des idées.

Latour-d'Auvergne conforme son travail à ces principes ; il
met son esprit à la hauteur des idées philosophiques ; mais il
a très peu d'imitateurs dans la noblesse ; donc la royauté suc-
combe.

Quel est le parti rationnel dans les circonstances ainsi faites?
C'est de combattre pour le principe qu'il a compris, pour la liberté, afin que ce principe établi sur une bonne base puisse,
dans la suite, s'associer avec la monarchie de Louis XIV, sans
être écrasé par elle. On sait quelle part il a pris dans la lutte,
on sait de quelle immense popularité, de quelle sainteté de
mœurs, de quelle auréole de gloire ce noble front s'entoura pour
poursuivre cette œuvre de progrès intelligent, en face du couteau
sanglant de la dictature républicaine! Avez-vous vu de nos
jours, les nouveaux sectaires des doctrines de Robespierre et
de Marat inscrire, sur leurs drapeaux, le nom du premier grenadier de la république? Non, l'anarchie ne lui a pas pardonné
d'avoir mis en l'an 8 son épée républicaine au service de la
monarchie ; car le consulat de Bonaparte, c'est la monarchie
sous un nom moins suspect aux partis ombrageux de l'époque
révolutionnaire.

La Réflexion s'ouvre un vaste champ devant cette hypothèse :
«Si la noblesse Française avait agi comme Latour-d'Auvergne...

L'histoire, par ses résultats de quelques années, franchissait
deux siècles... Après Bonaparte général et rédempteur, Napoléon

despote devenait inutile et même impossible. Pitt et la politique
envieuse de ses successeurs perdaient leur ascendant sur l'aristocratie Européenne, les élémens de la France se rangeaient, se
constituaient, sans convulsions, sous une monarchie nouvelle,
la régle et la vie des instincts populaires, de la liberté, de l'é-
galité ; comme l'évangile est la régle divine et par conséquent
la vie des passions.

La Colonne Infernale.

—

L'Espagne donne la main à l'éternelle ennemie de l'Europe
continentale, à l'Angleterre. Elle s'abandonne elle-même en
abandonnant la France. Voici donc que s'ouvre devant nous le
champ de gloire de Latour - d'Auvergne et de ses huit mille
braves de la colonne infernale. Dans ce pays basque qui ressemble à l'Armorique sous le rapport de ses mœurs patriar-
chales, de sa rudesse et de sa verdeur antique, Latour-d'Auvergne
trouve un idiôme à comparer avec sa langue maternelle, et sur
les Pyrénées, des ennemis à combattre ; double fête pour le guerrier philosophe !

Il est dit dans l'histoire : « Les huit mille immortels avaient
presque toujours saisi la victoire, quand le corps d'armée arrivait
pour donner. »

Un Bas-Breton, à qui je racontais, dans sa langue maternelle,
la vie de Latour-d'Auvergne, me demanda la raison de ce phénomène militaire. Je lui répondis :

La colonne infernale se compose de Français et de biscayens,
deux soldats invincibles, quand l'éducation militaire a dompté
la *salpétreuse* impatience du Français et la *mercurielle* inconstance du biscayen. (L'analyse chimique a constaté la pré-

dominance de ces molécules minérales dans l'organisation nerveuse et cérébrale de ces deux races d'hommes.) Laborieux et rude professorat que celui du capitaine appelé à discipliner ces deux natures pétulantes ! Mais l'instructeur de l'infernale est breton ; il est à la fois le précepte et l'exemple. A quoi le soldat breton, jugé par le *petit-caporal* comme le meilleur soldat de cette grande France qui n'en produit pas de médiocres, doit-il cette flatteuse renommée qui lui tombe de si haut ?... Plus que tout autre Français il est difficile à plier à la manœuvre ; ce n'est point ici l'inconstance qu'il faut corriger, c'est la constance, c'est la roideur au contraire. La nature militaire de nos trente-deux provinces la moins malléable d'abord, mais à la longue et par une patiente éducation, la plus docile, la plus précise dans les mouvemens, la plus scrupuleuse dans les menus détails de la discipline, c'est la nature du soldat breton. Et, sur le champ de bataille, le plus fougueux à l'attaque, le plus patient au carré ; le tirailleur le moins prodigue de ses cartouches, le canonnier le plus froidement *pointeur,* avare de ses boulets, mais jamais de son sang, nullement revêche et pleurard, quand la ration vient à s'amincir, faute de subsistances, pas plus chair à canon qu'un autre Français, pas plus brave (impossible)! mais ne tombant jamais que près du drapeau, ou bien à la place où le colonel lui a dit de mourir..... C'est le soldat Armoricain, c'est Latour-d'Auvergne en bloc, il ne faut que le dégrossir pour en faire un héros! en sorte que Latour-d'Auvergne communiquant, identifiant par la puissance de ses démonstrations et de ses exemples, sa nature bretonne à celle du Basque et du Français, sut créer une phalange si formidable, un de *ces gros bataillons serrés* tellement diabolique à voir, que lorsque ses grenadiers paraissaient, l'ennemi se sauvait à toutes jambes, croyant avoir l'enfer à ses trousses. C'est que vois-tu, *Jobic de Kersaner,* dis-je à mon interrogant Bas-Breton, Théophile Corret était un professeur qui tirait ses argumens du fond de son cœur et de ses entrailles, *ex intimo pectore, ex ipsis visceribus.*

Voilà pourquoi, *Jobic de Kersaner*, les huit mille immortels avaient presque toujours saisi la victoire, quand le corps d'armée arrivait pour donner !

— Je dirai cela à mon grand père et à mes gars, fit *Jobic de Kersaner.*

Nos pères nous l'ont dit : qui n'a pas vu Mirabeau à la tribune n'a rien vu. Nos pères nous en disent autant de Latour-d'Auvergne au champ d'honneur. Il faut, me dit le vieux général Frégeville * qui, dans sa loge du théâtre des variétés, me fit oublier Vernet, le beau comique, l'admirable farceur, il faut, comme moi, avoir vu Latour-d'Auvergne et l'*Infernale* sur le champ de bataille pour concevoir la république, aux prises avec l'Europe, avec la Vendée, sans pour cela désespérer comme Rome, après la bataille de Cannes. Ne croyez pas qu'il y ait de la pompe théâtrale, du Lekain dans le chef de l'*infernale*. Non, il jouait son drame militaire avec plus de simplicité ; il n'en était que plus sublime. Au rapport de De Thou, Charles de Bourbon expira, tenant son doigt contre sa bouche close, comme pour dire à ses voisins, *silence !* Ainsi eût expiré Corret en embuscade. Il parlait peu, sa personne était une harangue. Sa bravoure était sérieuse ; le sérieux est le véritable génie de l'homme et du soldat. Sa tactique était froide, expectante à la manière de Fabius ; jamais force d'inertie plus concertante. Il avait étudié l'Espagne, ses défilés, ses ravins, il savait sa manière de guerroyer, tortueuse et traîtresse. Aussi, dépouillait-il souvent sa nature bretonne, sa nature de lion,

* En 1835 la rencontre d'un élève de Saint-Cyr qui fut mon élève à Lorient me procura l'honneur de dîner chez M. Lami, secrétaire des commandemens de Mme Adélaïde, en compagnie du vieux général Frégeville ami de Moncey et de Latour-d'Auvergne. Ce vieux brave de l'armée des Pyrénées me parla de Latour-d'Auvergne avec un enthousiasme que je partageai comme on peut le penser. Le général me sut gré de ce que j'étais breton et ami de la famille du héros : car le dîner fini, il me donna place dans sa voiture et ensuite dans sa loge des Variétés. Je dûs tous ces honneurs à Latour-d'Auvergne. Je lui dois mieux que cela... le plaisir que je ressens à composer cette petite brochure.

pour se faire serpent dans les halliers, épiant l'ennemi au passage, pour bondir et l'étreindre et l'étouffer dans les replis de son câble vivant. Jamais téméraire sans nécessité, prudent même lorsque l'ennemi est en fuite ; jamais la victoire ne l'enivra. Tel fut aussi Moreau, le général Breton, Moreau, Xénophon par le savoir militaire, par l'intégrité républicaine, mais traître un jour, à la gloire, à la patrie....

Quand venait l'à-propos soit d'une décharge de mousqueterie, soit d'une volée de balles ou de mitrailles, soit d'une charge précipitée à l'arme blanche... alors, lançant à ses grenadiers l'éclair d'un regard, il fesait moutonner les têtes, bondir à lui les cœurs, vibrer à lui la pensée, les fibres et les muscles de l'infernale. L'*infernale.* devine son général, comme une meute son chasseur ; elle a le nez fin du lévrier pour sentir et flairer de loin l'ennemi, la dent et la fureur du boule-dogue des Pyrénées, pour déchirer et pour étrangler.... Le sublime de l'Écriture Sainte est applicable à ce capitaine breton : «Corret commande... Où sont les ennemis!.. » Tantôt ce capitaine se faisait nuage pour cacher la foudre qu'il lançait sans éclair précurseur, l'ouragan des Antilles n'est pas plus soudain, plus imprévu. Jamais général, excepté Bonaparte, n'a laissé ses ennemis plus stupéfaits, plus mystifiés, plus confus, lorsqu'ayant rendu les armes, ils levaient les yeux sur le petit nombre de leurs vainqueurs, suffisant à peine à porter les dépouilles... Latour-d'Auvergne est avare de ses munitions ; il est insensible et ladre aux pétarades, aux balles perdues des Espagnols. Il sait que la république est pauvre. Dans le besoin le plus urgent, il a reclamé les arrérages de son traitement de commandant de l'infernale ; on lui compte une année de solde, 400 écus ; il en prend la dîme, 40 écus! et se retire disant : « Si j'ai de nouveaux besoins je reviendrai... » La république est pauvre, donc, soldats, ménagez la poudre et le plomb... Il faut que la France compte le nombre de ses ennemis terrassés par le nombre de cartouches qu'elle distribue à ses défenseurs. Étonnans soldats, bras de fer de cette assemblée non moins étonnante sortie comme eux des flancs du peuple Français, bras de fer de la convention présidée par un scélérat sublime parfois, sublime assurément, le jour où voyant l'assemblée indécise et troublée en présence des 14 armées de l'Europe, il monte froidement à la tribune pour laisser tomber ces mots : « Oui, défions-nous des despotes, de leurs menées clandestines, de leurs moyens de corruption... Quant à leurs armées... Je n'en parle pas...!»

Théophile Corret, si terrible en face de l'ennemi, détourne la tête pour dérober à ses soldats une larme que lui arrache, après la victoire, le champ du combat, et se bouche les oreilles pour ne pas entendre les cris des mourans. Il se dépouille de tout pour le soldat Français et même pour les ennemis blessés. «Les grenadiers occupés à la réparation du fort Peccoa se sou-
» viennent de l'humanité de ce héros dit un de ses amis; au
» retour des travaux il les fesait changer de linge, se chauffer
» devant le feu et se ranimer avec le brandvin ; l'eau de la ci-
» terne était mal-saine ; il obtint avec difficulté la réparation
» d'une fontaine salutaire, et pour hâter la jouissance de ses
» camarades, il travailla souvent de ses mains. »

« L'obstination de Corret à rester au même grade était sou-
» vent combattue par la crainte de nuire à l'avancement des
» officiers inférieurs : on l'a vu, plusieurs fois, quitter sa com-
» pagnie de grenadiers, modèle de tenue, de discipline et
» d'instruction, afin que son lieutenant pût monter capitaine,
» son sous-lieutenant, lieutenant ; et ainsi de suite. »

Sa modestie est telle que Johanneau avoue qu'il n'a jamais osé insérer un mot d'éloge de son ami dans un journal; et même après sa mort, il le loue avec réserve ; il craint d'affliger son ombre.

.« Il devenait chagrin, quand il savait qu'on avait prononcé
» son nom au directoire, et quand il était cité dans une ga-
» zette. Il déchira les pages d'un livre où l'on fesait son éloge.
» Il en paya le prix au citoyen Le Bour, libraire, palais du Tri-
» bunat, qui conserva religieusement les trois volumes dont
» Latour-d'Auvergne déchira les pages où l'on rendait justice
» à ses talents militaires. »

On sait la peine que lui causa le titre de premier grenadier.
« Cette nomination, disait-il à ses amis, avec une franche ef-
» fusion, m'offre une palme qui ne doit appartenir qu'à la
» masse des guerriers... J'attendais de mes services (si l'on y
» ajoute quelque prix un jour), un salaire plus conforme à mes
» goûts et plus digne d'un homme de guerre; ou l'oubli, ou le
» souvenir seulement sur ma tombe. »

« Enfin il accepta le titre de premier grenadier de la république, mais jamais il ne fut possible de le faire consentir à
signer les états d'appointemens attachés à ce nouveau grade. »

Ce rude capitaine est accessible à l'amour, mais à l'amour pur
et timide d'une vierge. Une personne a captivé son cœur (il
fallait qu'elle fût bien vertueuse), il brûle de lui témoigner sa
flamme.... Il saisit la plume, la rejette.... la ressaisit... exprime
son innocente passion en quelques mots français qu'il traduit en
breton, puis en latin, puis.... il ne trouve pas d'idiôme pour
exprimer ce qu'il sent, pour traduire la pure essence de son
cœur.... Son amour tient de celui des anges, et toutes ses langues à lui philosophe et polyglotte, tiennent de notre nature
fangeuse.

Voilà pourtant le rude capitaine de la colonne infernale,
l'enfer du Dante devant les ennemis tremblans.

« Nous complétons l'esquisse de Latour-d'Auvergne, com-

mandant de la colonne infernale, par des traits de courage ex-
traits du *Moniteur* de l'époque et de lettres authentiques.

» Latour-d'Auvergne se baignait souvent à la mer, à l'en-
trée du port de Souva. Deux de ses soldats se trouvent, un jour,
entraînés par la marée. Il vole à leur secours, il est entraîné
lui-même. Un jeune tambour s'élance et le sauve : les soldats
sont sauvés par des marins; mais l'épouvante a duré parmi les
spectateurs, des minutes qui leur ont paru bien longues. Oh !
brave jeune homme, tu sais comme tu fus porté en triomphe
par tes camarades! Comme tu fus béni d'avoir sauvé leur commandant, mais bien plus encore leur ami! »

Comme Lanoue, le beau capitaine breton, que les catholiques
et les huguenots prenaient pour arbitre, Latour-d'Auvergne
exerçait son influence sur l'ennemi aussi bien que sur les
Français.

. » Les Français et les Espagnols n'étant séparés que par la
Bidassoa, les gardes avancées se fusillaient continuellement,
malgré l'ordre des chefs des deux armées. Latour-d'Auvergne
était le seul qui pût interrompre ces pétarades ; il ordonnait aux
Français et aux Espagnols de les cesser; il était obéi. » Ainsi
le capitaine était plus puissant dans l'armée que les généraux
en chef.

« Un jour que son détachement mourait de faim, tandis que
les Espagnols, retranchés derrière une rivière profonde, l'insul-
taient par une abondance dont ils fesaient parade, il pétillait de
colère. Point de bateau pour aller se venger ; il s'élança dans l'eau
et suivi de ses camarades, il les mit en possession du souper
des ennemis. »

« Il se chargeait de toutes les reconnaissances et les poussait toujours très avant, mais sans compromettre sa sûreté. Il opéra à point la jonction des grenadiers, par la vallée de Bastan, à la colonne du centre, il renversa les redoutes étagées sur les montagnes, fit huit à neuf mille prisonniers ; ce coup de force tenait du prodige. Il arracha aux miquelets Catalans , les meilleurs tireurs espagnols, deux fonderies évaluées à 32 millions. »

« En mars 1793, les troupes espagnoles bordaient la ligne de démarcation dans les Pyrénées, tandis que nous nous organisions lentement à Perpignan et à Toulouse. Tout-à-coup une de nos colonnes se porte sur Banières, de Laicho et Saint-Heat, avec ordre d'attaquer le dimanche. Latour-d'Auvergne a part au mouvement, avec la compagnie des grenadiers d'Angoumois. Les postes se choquent, les Espagnols surpris veulent parlementer; la possession du val d'Aran, si nécessaire à notre début, en est retardée : Latour-d'Auvergne descend par le col glacé du Postillon , fait coucher en joue, à bout portant, l'ennemi rangé sur la plate-forme d'une église, lui ordonne de mettre bas les armes, est obéi, et nettoie Aran et sa vallée par l'effet de ses mouvemens rapides et de sa vive impétuosité. »

« Les Espagnols étaient retranchés dans une maison crénelée, en deçà de la Bidassoa, d'où ils nous défendaient l'approche de la fameuse position dite *la montagne de Louis XIV.* Latour-d'Auvergne fut chargé de les en déloger. Il s'avança sous le feu du canon et de la mousqueterie jusqu'à la porte ; il ordonna aux grenadiers de pointer le canon de leurs fusils dans les créneaux; il frappa lui-même la porte à coups de poings et à coups de tête, *en vrai breton* (dit le citoyen David) ; il menaça l'ennemi de le brûler, et le fort s'ouvrit à son audace. »

« Après la reprise des fameuses redoutes d'Irun et de Fontarabie, l'avant-garde française arrive devant Saint-Sébastien, fort situé sur un rocher, au milieu de la mer. Il se jette dans un esquif et va sommer le commandant n'ayant pour tout soutien qu'une pièce de huit ; mais feignant qu'une forte artillerie menace la place, il parle de la brûler. Le commandant espagnol intimidé, lui fait observer cependant qu'il n'a pas tiré un seul coup sur sa citadelle et qu'il ne peut la rendre, sans recevoir cet honneur. Latour-d'Auvergne part, fait tirer la pièce de huit, à laquelle on répond par une grêle de boulets et d'obus, retourne vers l'espagnol épouvanté, et reçoit les clefs de la forteresse.

« Au qui-vive des sentinelles, on n'entendait, la nuit que, cette réponse : *commandant d'avant-garde !* Les échos reportaient dans le cœur effrayé des espagnols, le cri : *Latour-d'Auvergne.* Il était partout. »

Zurich, 18 brumaire. Oberhausen !

Voilà le commandant de la colonne infernale !

Moncey, le général en chef, eut-il raison de dire au gouvernement, dans son rapport :

« La haute réputation de Latour-d'Auvergne, connu par ses talens militaires et son courage héroïque, me dispensent de lui donner des attestations qui seraient toujours au-dessous de celles que la renommée lui a prodiguées à si juste titre ! »

Ici se rencontre l'héroïque dévouement de Latour-d'Auvergne allant à l'âge de 56 ans, remplacer à l'armée le 22ᵐᵉ fils de Le Brigant. Le glorieux remplaçant arrive tout exprès pour entrer dans Zurich, à la tête des grenadiers. D'Auvergne et Masséna, les enfans chéris de la victoire, se rencontrèrent sous un arc de triomphe.

Après deux ans de travaux militaires et scientifiques dans la patrie de Guillaume Tell, le grenadier breton vient se reposer à Passy dans le sein de l'amitié, pour causer science et rêver les jours heureux de la paix et de la vraie liberté. On eut dit Caton et Curius ou bien Montaigne et la Böëtie en conversation. Amitié! vertu des grandes âmes! malheur à celui qui n'a pas connu tes douceurs! Car il est le plus méchant ou le plus infortuné des hommes. Amitié! doux est ton empire et ton rêve est beau! Mais au front de Théophile Corret, ridé par la réflexion et silloné de la foudre des batailles, il faut le vent frais des montagues d'Arrhèz. Ni la gloire, ni l'amitié même ne peuvent nous faire oublier l'Armorique et la vieille mère (mam goz), qui nous attend sur le seuil du chaume natal. Le commandant de la colonne infernale vient s'asseoir encore devant l'âtre, sur le banc du grand père, en face du pauvre, ce philosophe de la chaumière bretonne. Il écoute les bardes chevelus, il redevient enfant et se joue avec les souvenirs du berceau.... Mais voilà que le canon du 18 brumaire lui apprend qu'un homme de grand cœur et de haute pensée a saisi, d'une main forte, les rennes du gouvernement. Le grenadier sexagénaire se lève, dépose un dernier baiser sur les cheveux blancs de ses parens et de ses amis d'enfance, et s'en va réclamer enfin la récompense digne de lui, la mort au champ d'honneur. Il vole à l'armée du Rhin, mais le sénat l'arrête et lui ouvre ses rangs. Il répond : « Où servirai-je la république plus utilement qu'à l'armée! » Mais Bonaparte dévançant l'*histoire* le proclama *premier grenadier de la république*. Il accepte ce beau titre, parce que le soldat doit obéir. La main du plus grand capitaine qui fut oncques sous les cieux, attache à son ceinturon le sabre d'honneur.

Le grenadier, comme s'il avait la certitude d'obtenir enfin un *salaire plus conforme à ses goûts et digne d'un homme de guerre*, fait à ses amis ses derniers adieux que l'historien ne transcrit pas sans émotion.

« Mon cher camarade, dit-il à l'un, rappelez-vous Latour-d'Au-

« vergne... Nous étions amis. Ma carrière va finir. L'armée est
» ma famille, et c'est au sein de ma famille que je dois mourir !
» Toujours en paix avec ma conscience, j'ai été toujours heu-
» reux. »

A l'autre : « Je pars comblé des grâces du gouvernement. Il
» croit que je vaux encore un coup de fusil. Il m'a jeté le
» gant : en bon breton, je l'ai relevé. Je vais rejoindre l'ar-
« mée de Moreau, mon ami, mon compatriote.... Je retrou-
» verai là mes anciens camarades, les grenadiers de la 46ᵐᵉ.
» Cette épée d'honneur, je la montrerai de près à l'ennemi ;
» j'inspirerai à mes frères d'armes le désir d'obtenir la même
» récompense. A 57 ans, la mort la plus désirable, c'est celle
» d'un grenadier sur le champ de bataille, et j'espère que je l'y
« trouverai. »

Puis, il se prépare à la mort des braves par une bonne action. Il acquitte la pension de 600 fr. dont il avait grevé son
petit patrimoine en faveur d'une veuve malheureuse. Ainsi fesaient les chevaliers partant pour la terre sainte.

Le 3 messidor, il entre dans l'armée du Rhin et six jours
après, le front penché, fondant en larmes, l'armée écoutait ces
mots du général Dessoles,

« Mes camarades :
» Le brave Latour-d'Auvergne a trouvé une mort glorieuse.
» Les soldats, à la tête desquels il combattit si souvent, lui doivent
» un témoignage solennel de regret et d'admiration ; en consé-
» quence, le général en chef ordonne :
» 1° Les tambours des compagnies de grenadiers de toute
» l'armée seront, pendant trois jours voilés d'un crêpe noir. »

« 2° Le nom de Latour-d'Auvergne sera conservé à la tête du
» contrôle de la compagnie de la 46ᵐᵉ demi-brigade où il avait
» choisi son rang. Sa place ne sera point remplie, et l'effectif de
» cette compagnie ne sera plus dorénavant que de 82 hommes. »

« Il sera élevé un monument sur la hauteur en arrière d'Ober-
» hauzen, au lieu même où Latour-d'Auvergne a été tué : les

» restes du chef de la brigade Forti, commandant la 46me,
» et qui a reçu la mort à ses côtés, après avoir fait des prodiges
« de valeur, y seront aussi déposés. »

« 4° Ce monument consacré aux vertus et au courage, est
mis sous la sauve-garde de tous les pays »

L'épée de Latour-d'Auvergne fut suspendue aux voûtes de
l'église des invalides, et son cœur répondit à l'appel du 46me
régiment, jusqu'en l'année 1814.

ÉPILOGUE.

Le premier grenadier de France est mort au champ d'honneur. Il a pratiqué toute sa vie et fait pratiquer à ses grenadiers
les dernières paroles de Duguesclin aux capitaines qui l'avaient
servi depuis 40 ans. « En quelque pays que vous fassiez la
guerre, n'oubliez ceci que je vous ai dit mille fois : que les
gens d'église, les femmes, les enfans et le pauvre peuple ne
sont pas vos ennemis. »

Il a donc échangé la cocarde du 1er grenadier de la république française et par conséquent du monde, contre la couronne
que Dieu réserve aux grands et aux petits qui ont vécu selon
sa loi. Ainsi, Corret travaillant pour sa conscience avant tout,
a choisi la route qui conduit à la gloire des hommes et à celle de
Dieu. Il a traversé pur les épreuves de ces 25 années de gloire,
de crime et d'héroïsme qui pèsent comme plusieurs siècles dans
l'histoire du monde. Il a lutté pour le triomphe de l'évangile,
pour la paix, le bonheur, la fraternité sur la terre, alors que le
plus grand nombre ne travaillaient que pour s'élever orgueil-
leux comme les cèdres du Liban sur les ruines de la religion et
des lois. Dieu seul possède le salaire des petits enfans et des
grands hommes de guerre, il aime les grands génies qui se font
humbles pour ne pas offenser leurs frères, qui pour être des
branches du sommet, ne vont pas s'imaginer qu'eux seuls ne